مركز القانون العربي والإسلامي
Centre de droit arabe et musulman
Zentrum für arabisches und islamisches Recht
Centro di diritto arabo e musulmano
Centre of Arab and Islamic Law

Comparazione tra norme svizzere e norme musulmane

Sami A. Aldeeb Abu-Sahlieh

Questo libro può essere acquistato presso
www.amazon.com
2018

Il Centro di diritto arabo e musulmano
Fondato nel maggio 2009, il Centro di diritto arabo e musulmano offre delle consultazioni giuridiche, delle conferenze, delle traduzioni, delle ricerche e dei corsi sul diritto arabo e musulmano e le relazioni tra musulmani ed occidentali. Permette, inoltre, di scaricare gratuitamente dal sito www.sami-aldeeb.com un buon numero di scritti.

L'autore
Sami A. Aldeeb Abu-Sahlieh: Cristiano di origine palestinese. Cittadino svizzero. Dottore in legge. Abilitato a dirigere ricerche (HDR). Professore delle università (CNU-Francia). Responsabile del diritto arabo e musulmano all'Istituto svizzero di diritto comparato (1980-2009). Visiting professor in varie università in Francia, Italia e Svizzera. Direttore del Centro di diritto arabo e musulmano. Autore di tanti libri e di una traduzione francese, italiana e inglese del Corano.

Edizioni
Centre de droit arabe et musulman
Ochettaz 17
Ch-1025 St-Sulpice
Tel. fisso: 0041 [0]21 6916585
Tel. portabile: 0041 [0]78 9246196
Sito: www.sami-aldeeb.com
Email: sami.aldeeb@yahoo.fr
© Ogni diritto riservato

Indice

Indice 3

Introduzione 7

Capitolo I Relazione con lo Stato 9
    1) Legge umana contro legge divina 9
    2) Territorialità contro personalità di leggi e giurisdizioni 11
    3) Nazionalità e fedeltà religiosa 12
    4) Divisione all'interno della Terra dell'Islam 12
    5) Terra dell'Islam e Terra della miscredenza 16

Capitolo II Statuto personale: diritto di famiglia e delle successioni 19
    1) Celebrazione del matrimonio 19
    2) Impedimento religioso al matrimonio 20
    3) Matrimonio di godimento (temporaneo) 21
    4) Poligamia 22
    5) Età nel matrimonio 23
    6) Consenso al matrimonio 24
    7) Violenza e stupro nella coppia 24
    8) Scioglimento del matrimonio 25
    9) Relazioni tra genitori e bambini 26
    10) Diritto successorio 28

Capitolo III Diritto penale e punizioni crudeli 31

Capitolo IV Libertà individuale e schiavitù 33

Capitolo V Libertà di religione 35
    1) Libertà di aderire 35
    2) Marchiatura religiosa 36
    3) Libertà di espressione 37
    4) Libertà di espressione artistica 39
    5) Preghiere e digiuno di Ramadan 40
    6) Luoghi di culto e personale religioso 41

Capitolo VI Scuola e religione 43
    1) Insegnamento religioso 43
    2) Segni religiosi distintivi 45
    3) Promiscuità 46
    4) Contenuto dei corsi 47

Capitolo VII Divieti alimentari e macellazione rituale 49
    1) Diritti degli animali 49
    2) Divieti alimentari 51
    3) Macellazione rituale 53

Capitolo VIII Cimiteri 57
    1) Separazione dei morti 57
    2) Direzione della tomba 58
    3) Permanenza delle tombe 59
    4) Incenerimento 60

Capitolo IX Risposte alle richieste musulmane 63
    1) Risposte dei liberali musulmani 63
    2) Risposte attese dagli occidentali 65

Allegato Modello di contratto matrimoniale 71

L'ostilità al riguardo dei musulmani proviene sempre dall'idea che una volta che saranno sufficientemente numerosi, non andranno più ad ubbidire al diritto comune e ci si troverà con due comunità, viventi una accanto all'altra, con le loro leggi, con i loro tribunali. E la situazione diventerà prima inestricabile e poi conflittuale come in Israele o in Libano.
Neirynck, Professore onorario e ex-consigliere nazionale

Il laico musulmano che rifiuta il principio dell'applicazione del diritto musulmano ha dell'islam soltanto il nome. È un'apostata senz'alcun dubbio. Deve essere invitato a pentirsi, chiarendogli i punti sui quali ha dei dubbi. Se non si pente, è considerato apostata, privato della sua appartenenza all'islam, o per così dire della sua "nazionalità musulmana", è separato dalla moglie e dai figli, e si applicano a lui le norme sugli apostati oppositori in questa vita e dopo la sua morte.
Al-Qaradawi, Presidente del Consiglio Europeo della Fatwa e della Ricerca

Introduzione

Questo libretto paragona le norme svizzere con quelle musulmane. È disponibile gratuitamente, in formato pdf, per le autorità, i circoli religiosi ed accademici, la stampa ed il pubblico in generale. Può anche essere ordinato in forma cartacea su Amazon.

L'Islam copre tutti gli ambiti della vita:
1) Rapporti tra l'uomo e Dio negli aspetti religiosi e nelle questioni di fede
2) Rapporti con lo Stato
3) Rapporti tra le persone
4) Rapporti tra gli Stati

Il primo punto riguarda la fede personale. Mi interesserò solo alle questioni di natura normativa che interferiscono con le aree disciplinate dalla legge svizzera.

Le norme musulmane esposte qui sono norme imperative dettate dai testi fondatori dell'Islam. Alcune sono applicate, altre sembrano estinte, invece aspettano solo il momento giusto, com'è successo con Daesh che ha riattivato il rapimento di donne, il mercato degli schiavi, la *jizyah*, la distruzione di statue e altre pratiche che si sperava fossero state abolite per sempre. Il Corano stesso (E-89/3:28-29) prescrive la dissimulazione, che consiste nel dire e fare qualcosa senza aderirvi internamente, finché la situazione non cambia in favore dei musulmani.

Questa presentazione è concisa, semplice, accessibile a tutti. Per ulteriori dettagli, i lettori interessati possono consultare i miei libri (https://goo.gl/phXkBB), tra cui in italiano: *Avvenire dei musulmani in Occidente: caso della Svizzera* (https://goo.gl/tZnmBJ) e in francese *Les musulmans en Occident entre droits et devoirs* (https://goo.gl/Re52Qu). Sono anche a loro disposizione per eventuali chiarimenti e ulteriori informazioni.

Spero che questo lavoro permetta una migliore intesa tra le differenti comunità sulla base della conoscenza reciproca e la franchezza. Ringrazio tutti coloro che l'hanno letto e corretto. Tuttavia, le opinioni espresse qui non impegnano che me.

Sami A. Aldeeb Abu-Sahlieh
sami.aldeeb@yahoo.fr

Capitolo I
Relazione con lo Stato

1) Legge umana contro legge divina

Norme svizzere

La legge è un'emanazione del popolo e un'espressione della sua sovranità. Subisce modifiche periodiche e aggiornamenti in base alle esigenze della società, secondo procedure democratiche stabilite e accettate dal popolo, direttamente o indirettamente.

Norme musulmane

Il termine Islam significa sottomissione, cioè alla volontà di Dio espressa nel Corano e nella Sunnah di Maometto, le due principali fonti della legge musulmana. Il Corano[1] dice:

> La parola dei credenti, quando sono chiamati verso Dio ed il suo inviato, affinché giudichi tra loro, era solamente di dire: «Abbiamo udito ed abbiamo obbedito». Quelli sono i riusciti (E-102/24:51).

> Chiunque non giudica secondo ciò che Dio ha fatto scendere, quelli sono i miscredenti ... Chiunque non giudica secondo ciò che Dio ha fatto scendere, quelli sono gli oppressivi ... Chiunque non giudica secondo ciò che Dio ha fatto scendere, quelli sono i prevaricatori (E-112/5:44,45 e 47).

Il professore egiziano Khallaf (morto nel 1956) scrive:

> I dottori musulmani della legge riconoscono all'unanimità che Dio è il supremo legislatore, che è lui la fonte dei precetti, che questi siano stati enunciati esplicitamente nei testi rivelati ai suoi profeti, in particolare a Maometto, o che i dottori della legge li abbiano tratti o dedotti usando il meccanismo dell'analogia.

la Dichiarazione musulmana universale dei diritti dell'uomo dice:

> L'intelletto umano è incapace di elaborare la via migliore senza la guida di Dio e la sua rivelazione.

---

[1] Useremo in questo libro la nostra traduzione del Corano per ordine cronologico (https://goo.gl/EqVJAv), facendo uso di due numeri: il primo numero si riferisce all'ordine cronologico del Corano, e il secondo all'ordine convenzionale. Questi due numeri sono seguiti dal numero del versetto, preceduto dalla lettera E (Egira) per i versetti di Medina, e dalla lettera M per i versetti di Mecca.

La posizione musulmana suddetta ha per corollario l'assenza del concetto della sovranità del popolo dai musulmani, concetto chiave per ogni democrazia. Il Corano dice, riguardo alla maggioranza:

> Se obbedisci alla maggioranza di quelli che sono sulla terra, ti smarriranno dal sentiero di Dio. Seguono solamente la presunzione e non fanno che congetturare (M-55/6:116).

La legge musulmana deve essere applicata integralmente. Il Corano dice a questo proposito:

> Credete allora in una parte del libro, e miscredete in un'altra? La retribuzione di coloro tra voi che fa ciò sarà solamente l'avvilimento nella vita quaggiù, e nel giorno della risurrezione saranno resi al castigo più forte. Dio non è disattento a ciò che fate (E-87/2:85).

Notiamo qui che il Corano, secondo la tradizione musulmana, fu rivelato tra gli anni 610-622 (periodo meccano) e gli anni 622-632 (periodo medinese). Mentre la parte meccana è non normativa, più o meno pacifica e tollerante, la parte medinese ha versetti normativi, istituisce il jihad, la disuguaglianza tra uomo e donna, la disuguaglianza tra credenti e non credenti e le sanzioni penali. Secondo la legge musulmana, sono i versetti successivi che abrogano i versetti precedenti. Un riformatore sudanese propose la direzione opposta come soluzione ai problemi posti dalla parte medinese, ma fu impiccato nel 1985 per istigazione dell'Azhar, della Fratellanza Musulmana e dall'Arabia Saudita (vedere il mio libro: *Mahmud Muhammad Taha entre le Coran mecquois et le Coran médinois* https://goo.gl/unhdhc).

Le norme musulmane possono essere attenuate, per ragioni politiche, ma non possono essere abrogate. In caso di debolezza, i musulmani si riferiscono ai versetti meccani per dimostrare la natura pacifica e accettabile dell'Islam ai loro oppositori. Ma quando sono in uno stato di forza, citano i versetti medinesi (vedere il mio libro: *Alliance, désaveu et dissimulation* https://goo.gl/RzzS62). Il Corano dice a questo riguardo:

> I credenti non prendano i miscredenti come alleati fuori dei credenti. Chiunque fa ciò, non è degli alleati di Dio, a meno che non li temiate. Dio vi premunisce contro il suo castigo. È verso Dio la destinazione (E-89/3:28).
>
> Non indebolitevi allora e non chiamate alla sottomissione, quando siete i più elevati e Dio è con voi. Ed egli non disprezzerà le vostre opere (E-95/47:35).

2) Territorialità contro personalità di leggi e giurisdizioni

Norme svizzere

Il sistema giuridico e giudiziario federale e cantonale svizzero si basa sul principio di territorialità e nazionalità. La religione delle persone non viene presa in considerazione, essendo già stata abolita dalla Costituzione del 1874, in particolare nel suo articolo 49 par. 4 chi dice: "L'esercizio dei diritti civili o politici non può essere limitato da veruna prescrizione o condizione di natura ecclesiastica o religiosa" e l'articolo 58 par. 2 chi dice: "La giurisdizione ecclesiastica è abolita".

Queste norme divennero così evidenti che la Costituzione del 2000 non trovò utile menzionarle. Secondo queste norme, tutti, indipendentemente dalla loro religione, sono soggetti alla stessa legge e allo stesso tribunale. Vedremo le implicazioni di questi principi nei seguenti sviluppi.

Norme musulmane

Il Corano stabilisce il cosiddetto sistema della personalità delle leggi e delle giurisdizioni, sulla base della religione nei versetti E-112/5:44-48:

> Noi abbiamo fatto scendere la Torah nella quale ci sono direzione e luce. Secondo essa, i profeti che si sono sottomessi giudicano i giudei, ed anche i rabbini ed i dottori [...]. Chiunque non giudica secondo ciò che Dio ha fatto scendere, quel-li sono i miscredenti [...]. Ed abbiamo fatto seguire sulle loro tracce Gesù, figlio di Maria, confermando ciò che è davanti a lui nella Torah. Gli abbiamo dato il Vangelo dove ci sono direzione e luce, confermando ciò che è davanti a lui nella Torah, una direzione ed un'esortazione per i timorati. Che la gente del Vangelo giudichi secondo ciò che Dio ha fatto scendere. Chiunque non giudica secondo ciò che Dio ha fatto scendere, quelli sono i prevaricatori.

Con questo sistema, gli ebrei e i cristiani hanno avuto i loro tribunali e leggi. Questi erano necessariamente diversi, e conflitti tra tribunali e le leggi della comunità sono stati risolti a favore del diritto musulmano. Così, il musulmano può sposare una cristiana o ebrea, ma al cristiano e all'ebreo è vietato sposare una donna musulmana. I figli di un matrimonio misto tra un musulmano e una cristiana o un'ebrea sono necessariamente musulmani. In successione, la legge musulmana proibisce la successione tra le persone appartenenti a diverse comunità religiose. Così, la cristiana o l'ebrea non eredita dal suo defunto marito o dai suoi figli, e viceversa.

Questo sistema giuridico molto confessionale persiste ancora oggi in alcuni Paesi arabi in maniera più o meno estesa, anche se la tendenza è verso l'unificazione. Così in Giordania o in Siria, le comunità religiose non musulmane applicano le loro leggi religiose in materia di statuto personale e hanno i loro tribunali religiosi, mentre l'Egitto ha soppresso i tribunali religiosi, pur mantenendo le legislazioni delle varie comunità.

3) Nazionalità e fedeltà religiosa

Norme svizzere

La Costituzione del 2000 dice nel suo articolo 1 che "il Popolo svizzero e i Cantoni ... costituiscono la Confederazione Svizzera". L'articolo 2 par. 1 aggiunge: "La Confederazione Svizzera tutela la libertà e i diritti del Popolo e salvaguarda l'indipendenza e la sicurezza del Paese". L'articolo 4 afferma che "le lingue nazionali sono il tedesco, il francese, l'italiano e il romancio". L'articolo 72 dice che "il disciplinamento dei rapporti tra Chiesa e Stato compete ai Cantoni" (par. 1), e "nell'ambito delle loro competenze, la Confederazione e i Cantoni possono prendere provvedimenti per preservare la pace pubblica fra gli aderenti alle diverse comunità religiose" (par. 2).

Nonostante le diverse appartenenze linguistiche e religiose della popolazione e dei Cantoni svizzeri, tutti i cittadini dovrebbero essere fedeli alla loro unica patria comune. Si può notare che la Svizzera ha reciso i legami con il Vaticano nel 1873, a causa del dogma della infallibilità papale, e un anno dopo ha approvato la Costituzione del 1874 che consolida l'unità nazionale e afferma la sua indipendenza attraverso le norme che separano lo Stato dalla religione e garantiscono le libertà individuali. Questa Costituzione comprendeva articoli particolari per svezzare la fedeltà della comunità cattolica ad un'autorità religiosa esterna, e ribadiva che tutti gli Svizzeri sono uguali dinnanzi alla legge (articolo 4), indipendentemente dalla loro lingua o di religione, anche se esistono affinità culturali o religiose tra i diversi costituenti della popolazione. Questo principio di uguaglianza è confermato dall'articolo 8 della Costituzione del 2000, uguaglianza estesa a tutti gli esseri umani.

Norme musulmane

Nell'Islam, l'affiliazione religiosa è al di sopra dell'affiliazione tribale o nazionale. Anche se ci troviamo di fronte a Stati nazione, la legge musulmana crea una divisione all'interno della Terra dell'Islam e un'altra divisione tra la Terra della miscredenza, chiamata anche Terra di guerra.

4) Divisione all'interno della Terra dell'Islam

I cittadini dei Paesi musulmani sono divisi in diversi gruppi che non godono degli stessi diritti, anche quando le loro costituzioni dicono il contrario. Praticamente tutte queste Costituzioni considerano l'Islam come la religione dello Stato. Vediamo questi gruppi.

A) Musulmani

Il Corano dice che "i credenti sono fratelli" (E-106/49:10). Chiunque si converta all'Islam appartiene alla nazione musulmana (*Ummah*) che il Corano qualifica come "la migliore nazione uscita per gli umani" (E-89/3:110). I musulmani sono convinti che un giorno tutta l'umanità diventerà musulmana.

Di fronte ai musulmani, ci sono i miscredenti classificati secondo il loro grado di miscredenza: Gente del libro, apostati e politeisti.

B) Gente del libro

Lo status legale dei non musulmani è regolato principalmente da tre versetti:

> Combattete quelli che non credono né in Dio né nel giorno ultimo, che non proibiscono ciò che Dio ed il suo inviato hanno proibito, e non professano la religione della verità, tra coloro ai quali il libro fu dato, finché diano il tributo con una mano, mentre sono in stato di disprezzo (E-113/9:29).

> Quelli che hanno creduto, i giudei, i nazareni ed i sabeani, chiunque [tra loro] abbia creduto in Dio e nel giorno ultimo, ed abbia fatto un'opera buona, avranno il loro compenso presso il loro Signore, nessun timore per loro, e non saranno rattristati (E-87/2:62).

> Quelli che hanno creduto, i giudei, i sabeani, ed i nazareni, chiunque [tra loro] che ha creduto in Dio e nel giorno ultimo e ha fatto un'opera buona, nessun timore per loro, e non saranno rattristati (E-112/5:69).

I legisti classici hanno dedotto da questi versetti che la Gente del libro: ebrei, cristiani, sabei e zoroastriani (Magi), a cui sono stati aggiunti i samaritani, hanno il diritto di vivere nello Stato musulmano nonostante le differenze teologiche che li separano dai musulmani. Certo, non disperano di vederli un giorno diventare musulmani, ma il Corano rifiuta l'uso della coercizione diretta per convertirli: "Nessuna costrizione nella religione" (E-87/2:256). La convivenza tra Musulmani e Gente del libro è tuttavia, ugualitaria, ma da dominante a dominato, la Gente del libro deve pagare un tributo (*jizyah*), in stato di disprezzo (E-113/9:29), e sottomettersi a certe norme discriminatorie, specialmente nel campo del diritto di famiglia. Quindi, ad esempio, i musulmani saranno in grado di sposare le donne della Gente del libro, ma questi non sposare le donne dei musulmani (E-87/2:221; E-112/5:5; E-91/60:10). Sono chiamati i *dhimmi*, i protetti dei musulmani, ma questi ultimi dovranno osservare una costante sfiducia nei loro confronti, anche se fossero imparentati con loro:

> O voi che avete creduto! Non prendete i giudei ed i nazareni come alleati. Sono alleati gli uni degli altri. Chiunque di voi si allea a loro è di loro. Dio non dirige la gente oppressiva (E-112/5:51; vedere anche E-89/3:28 et E-113/9:8).
>
> O voi che avete creduto! Non prendete i vostri padri ed i vostri fratelli come alleati se hanno amato la miscredenza più della credenza. Chiunque di voi si allea a loro, quelli sono gli oppressivi (E-113/9:23).

Tuttavia, questo non dovrebbe escludere relazioni basate sulla giustizia, tranne nei casi di ostilità:

> Dio non vi vieta, riguardo a quelli che non vi hanno combattuti nella religione e non vi hanno fatto uscire dalle vostre dimore, di essere buoni ed equi verso di loro. Dio ama gli equi. Dio vi vieta solamente, a riguardo di quelli che vi hanno combattuto nella religione, vi hanno fatto uscire dalle vostre dimore, e hanno sostenuto per farvi uscire, di allearvi con loro. Chiunque si allea con loro, quelli sono gli oppressivi (E-91/60:8-9).

Per risolvere le contraddizioni tra versetti tolleranti e meno tolleranti, i legisti classici ricorrono alla teoria dell'abrogazione: un versetto su un caso viene abrogato da un versetto successivo sullo stesso caso. Tuttavia, i legisti classici non potevano essere d'accordo sulla portata o la datazione dei versetti, alcuni non esitando a considerare tutti i versetti tolleranti del Corano nei confronti dei non musulmani come abrogati puramente e semplicemente dal versetto della spada:

> Quando i mesi proibiti sono trascorsi, uccidete gli associatori ovunque li troviate, prendeteli, assediateli e sedetevi per loro in ogni agguato. Ma se si pentono, elevano la preghiera, e danno la decima, allora liberate loro il sentiero. Dio è perdonatore, misericorde (E-113/9:5).

Facciamo notare qui che questo statuto di *dhimmi* è concesso solo se i non musulmani accettano di sottomettersi all'autorità musulmana e alle restrizioni previste dalla legge musulmana. Altrimenti, sono uccisi, e i loro bambini e le loro donne sono ridotti in schiavitù e distribuiti tra i combattenti (vedere il mio libro: *Le tribut (jizyah) dans l'islam* https://goo.gl/skHjso e il mio libro: *Nulle contrainte dans la religion* https://goo.gl/zKq2Wk). La *jizyah* fu abolita nel diciannovesimo secolo, ma i movimenti islamisti vogliono ripristinarla, e questo è ciò che Daesh fece nelle aree sotto il suo dominio.

C) Apostati

Il Corano recita: "Nessuna costrizione nella religione" (E-87/2: 256). Uno è libero di diventare musulmano, anche incoraggiato a farlo, ma il musulmano, nato da una famiglia musulmana o convertito all'islam, non ha il diritto di lasciare la sua religione. È quindi una libertà religiosa a senso unico. Il

Corano non prevede una punizione specifica contro l'apostata, sebbene ne parli più volte usando il termine *kufr* (miscredenza) o il termine *riddah* (abiura). Vengono fornite solo punizioni nell'altra vita, tranne il versetto E-113/9: 74 che parla di punizione dolorosa in questo mondo, senza specificare in che cosa consista. I racconti di Maometto, d'altra parte, sono più espliciti:

> Quello che cambia religione, uccidetelo (citato da Al-Bukhari).
>
> Non è lecito attentare alla vita del musulmano se non nei seguenti tre casi: miscredenza dopo la fede, adulterio dopo il matrimonio e omicidio senza causa (citato da Al-Bukhari).

Mawerdi, giurista musulmano (morto en 1058), definisce gli apostati come segue:

> Quelli che sono legalmente musulmani, o dalla nascita o dopo la conversione, cessano di essere musulmani, ed entrambe le categorie sono, dal punto di vista dell'apostasia, sulla stessa linea..

Sulla base dei versetti coranici e dei racconti di Maometto, i legisti classici prevedono l'uccisione dell'apostato dopo avergli concesso un periodo di riflessione di tre giorni. Se si tratta di una donna, alcuni giuristi sostengono di metterla in prigione fino alla sua morte o al suo ritorno all'Islam. A ciò si aggiungono misure di carattere civile: il matrimonio dell'apostato si dissolve, i suoi figli vengono tolti da lui, la sua successione viene aperta e lui viene privato dei suoi diritti successori. L'apostasia collettiva genera guerre. Il destino riservato agli apostati è allora peggiore di quello riservato al nemico; non è consentita alcuna tregua con gli apostati.

D) Politeisti

Questi sono quelli che non appartengono alla Gente del Libro. Furono intimati, in virtù del versetto della spada (E-113/9: 5) sopra citato, sia per convertire o per subire la guerra fino alla morte. A causa di questo versetto, circa 80 milioni di indù furono sterminati dai musulmani.

E) Statuto speciale dell'Arabia

La tolleranza alla Gente del Libro non si applica a coloro che vivono in Arabia. Muhammad, sul suo letto di morte, avrebbe chiamato Umar (morto nel 644), il futuro 2° califfo, e gli disse: "Due religioni non devono coesistere nella penisola arabica". Non era più sufficiente pagare il tributo come i loro correligionari nelle altre regioni dominate dai musulmani. Citando la parola di Maometto, Mawerdi scrive: "Ai tributari non fu permesso di stabilirsi nell'Higaz; non potevano soggiornarvi in alcun luogo per più di tre giorni". Perfino i loro cadaveri non potevano esservi sepolti e, "se ciò ha avuto luogo, saranno esumati e trasportati altrove, poiché la sepoltura equivale a una residenza".

I giuristi musulmani classici non hanno concordato i confini geografici in cui questa norma dovrebbe applicarsi. Oggi solo l'Arabia saudita invoca questa norma per privare sul suo territorio tutti i non musulmani del diritto di praticare i loro culti.

5) Terra dell'Islam e Terra della miscredenza
A) Confine religioso classico

I giuristi musulmani classici considerano tutte le aree sotto il dominio musulmano come "Terra dell'Islam" (*Dar al-Islam*), sia che gli abitanti siano musulmani o meno. Dall'altra parte del confine è la Terra della guerra (*Dar al-harb*), spesso chiamato Terra della miscredenza (*Dar al-kufr*) che un giorno o l'altro, andrà sotto il dominio musulmano, ed i suoi abitanti più o meno a lungo termine dovranno convertirsi all'Islam.

Prima della partenza di Maometto dalla Mecca, il Corano intimava ai musulmani di non ricorrere alla guerra, anche se fossero stati aggrediti (E-70/16: 127; E-96/13: 22-23). Dopo la partenza della Mecca e la creazione dello Stato islamico a Medina, i musulmani sono stati autorizzati alla lotta contro coloro che li combattevano (E-87/2: 190-193 e 216, E-88/8: 61; E 103/22: 39-40). Alla fine fu loro permesso di iniziare la guerra (E-113/9: 3-5). Lo scopo di questa guerra è espandere la Terra dell'Islam e convertire la gente all'Islam. Muhammad dice:

> Mi è stato ordinato di combattere la gente fino a che confessi che non c'è altra divinità che Dio (citato da Al-Bukhari).

Mawerdi (d. 1058) menziona tra i doveri del Capo dello Stato:

> Combattere coloro che, dopo essere stati invitati, rifiutano di abbracciare l'Islam, fino a quando non si convertano o diventino tributari, a tal fine per stabilire i diritti di Allah dando loro la superiorità su tutte le altre religioni.

Precisa che se gli avversari si convertono all'Islam, "acquisiscono gli stessi diritti di noi, sono soggetti agli stessi obblighi e continuano a essere padroni del loro territorio e delle loro proprietà". Se chiedono pietà e chiedono una tregua, questa tregua è accettabile solo se è troppo difficile sconfiggerli e a condizione che paghino; la tregua dovrebbe essere la più breve possibile e non più lunga di dieci anni; se supera questo periodo, diventa nulla (vedere il mio libro: *Le jihad dans l'islam* https://goo.gl/g6LAqC).

B) Confine religioso classico e migrazione

Per sfuggire alle persecuzioni, Maometto, accompagnato da alcuni dei suoi seguaci, lasciò la Mecca, la sua città natale, nel 622, e andò a Yathrib, la città di sua madre, che era diventata Medina. Questo è l'inizio dell'era musulmana, l'era egira, l'era delle migrazioni. Coloro che lasciarono la Mecca per andare a Medina portarono il nome di *Muhajirun* (immigrati). Coloro che li accolsero furono chiamati *Ansar* (sostenitori).

Certi musulmani, tuttavia, rimasero alla Mecca e continuarono a vivere segretamente la loro fede. Costretti a partecipare alla lotta contro le truppe di Maometto, alcuni persero la vita. Fu allora che il seguente passaggio fu rivelato:

> Quelli, oppressivi di se stessi, che gli angeli richiamarono, questi dissero loro: «In che situazione eravate?» Dissero: «Eravamo indeboliti sulla terra». Dissero: «La terra di Dio non era larga affinché ci migriate?» Quelli il loro rifugio sarà la Gehenna. Che malefica destinazione! Tranne gli indeboliti tra gli uomini, le donne ed i fanciulli che non possono trovare un mezzo, né dirigersi su alcun sentiero (E-92/4:97-98).

Questo passaggio richiede che ogni musulmano che vive in terre di miscredenza, lascia il suo Paese per unirsi alla comunità musulmana, se può. Altri versetti vanno nella stessa direzione (E-92/4: 100, E-113/9: 20). L'obiettivo di questa migrazione è quello di riparare dalle persecuzioni, per indebolire la comunità infedeli e partecipare al nuovo sforzo bellico della comunità. Il Corano parla congiuntamente di coloro che hanno emigrato e di coloro che hanno fatto il jihad (E-87/2: 218; E-88/8: 72, 74 e 75, M-70/16: 110).

In applicazione di questa dottrina della migrazione, i musulmani hanno lasciato i Paesi riconquistati dai cristiani. Così nel 1091, la riconquista cristiana della Sicilia fu completata dopo un'occupazione musulmana durata poco più di 270 anni. Un gran numero di musulmani ha lasciato l'isola per rifugiarsi dall'altra parte del Mediterraneo. E con la resa di Toledo nel 1085, la grande maggioranza dei musulmani lasciò la città.

Gli attuali libri giuridici arabi usano termini neutri, senza connotazioni religiose, ma i libri musulmani spesso qualificano i Paesi non musulmani Terra di miscredenza *(Dar al-kufr)*, e gli abitanti degli infedeli *(kafir)* e chiedono un ritorno al jihad. Gruppi musulmani estremisti considerano pure i loro Paesi musulmani come Terra di miscredenza perché questi Paesi non applicano la legge islamica nella sua interezza.

C'è anche un dibattito sul fatto che un musulmano possa ottenere la nazionalità di un Paese non musulmano. Alcuni non esitano a considerare un tale musulmano come apostata, perché si sottomette alle leggi occidentali invece che alle leggi musulmane. Chiedono ai cittadini musulmani dei Paesi non musulmani di rinunciare alla loro nazionalità e di andare a vivere nei Paesi musulmani. Altri credono che questi musulmani debbano intraprendere il jihad all'interno dei Paesi miscredenti. I terroristi si infiltrano tra i migranti per questo scopo.

Non si può essere molto ottimisti quando si vede come nei Balcani le comunità cristiana e musulmana, dopo aver convissuto per secoli, si uccidessero e si separarono. Non è escluso che questo scenario si ripeta in altri Paesi occidentali se il numero di musulmani raggiunge una soglia critica che consente loro di affermarsi.

Capitolo II
Statuto personale: diritto di famiglia e delle successioni

Lo statuto personale, che include specialmente il diritto di famiglia e delle successioni, è il campo legale più marcato dalla legge musulmana e il più in conflitto con la legge svizzera. Per prevenire un simile conflitto il più possibile, proponiamo alla fine di questo libro un modello di contratto matrimoniale mirato soprattutto per le coppie miste di cui uno dei due coniugi è musulmano. Questo modello può anche essere utile per le coppie in cui entrambi i coniugi sono musulmani.

Norme svizzere

Lo statuto personale passò dalle mani delle autorità religiose alle mani delle autorità civili, già nella Costituzione del 1874 secondo la quale "la giurisdizione ecclesiastica è abolita" (articolo 58 par. 2), "il diritto di matrimonio è posto sotto la protezione della Confederazione" (articolo 54), e "la tenuta dei registri e la documentazione degli atti dello stato civile è opera delle autorità civili" (53 par. 1). È regolato in particolare dal Codice Civile che governa tutti i cittadini, indipendentemente dalla loro religione. Le disposizioni della Costituzione del 1874 non sono state riprese dalla Costituzione del 2000, che è limitata a disposizioni concise e principi generali. Su ciò torneremo più tardi.

Norme musulmane

Lo statuto personale è soggetto al sistema di personalità delle leggi e delle giurisdizioni, come indicato sopra. Questo è il motivo per cui è oggetto di leggi comunitarie separate che non sono incluse nei codici civili di questi Paesi. Vedremo di seguito i punti più importanti.

1) Celebrazione del matrimonio

Norme svizzere

Il matrimonio è un'istituzione laica, che richiede una forma ufficiale che è la giurisdizione esclusiva dei conservatori del registro civile, indipendentemente dalla religione o dalla nazionalità dei coniugi. Ai rappresentanti diplomatici e consolari stranieri in Svizzera è vietato celebrare un matrimonio. Allo stesso modo, la cerimonia religiosa non può avvenire prima della celebrazione del matrimonio civile (articolo 97 par. 3 CCS). Il matrimonio religioso è una formalità opzionale che non ha conseguenze legali. Il matrimonio è quindi un contratto formale che non può essere concluso con il semplice consenso degli sposi, contrariamente ai semplici contratti consensuali.

Norme musulmane

Il Corano non dice nulla sulla forma che il matrimonio deve rispettare. Ma la Sunnah di Maometto prescrive che ci sia una pubblicità in modo che le persone possano riconoscere coloro che sono sposati. Nei Paesi arabi e musulmani, un'autorità religiosa o un'autorità civile con connotazioni religiose generalmente celebra il matrimonio, sia per i musulmani che per i non musulmani. Succede che i coniugi si sposano in Svizzera unicamente davanti a un imam, senza aver precedentemente concluso un matrimonio civile. La legge svizzera non riconosce un tale matrimonio, che può avere conseguenze spiacevoli, soprattutto per la donna abbandonata dal suo coniuge. Inoltre, l'imam è esposto a sanzioni penali e può persino essere privato del permesso di soggiorno.

Nonostante il requisito della forma ufficiale da parte degli Stati arabi e musulmani, questi Stati non sono in grado di vietare completamente il cosiddetto matrimonio consuetudinario (*'urfi*) che avviene davanti a due testimoni, e talvolta davanti a un avvocato o un notaio, senza la necessità di un ufficiale commissionato dallo Stato, a causa della norma islamica che non prescrive la presenza di un ufficiale di Stato. Spesso le donne turiste sono intrappolate da un tale matrimonio per fare sesso e convivere senza cadere sotto la legge. Il riconoscimento del matrimonio consuetudinario (*'urfi*) è discutibile, e se la donna in questione cambia partner, potrebbe essere perseguita per poliandria.

2) Impedimento religioso al matrimonio

Norme svizzere

Articolo 54 par. 1 e 2 della Costituzione del 1874 stipulava: "Il diritto di matrimonio è posto sotto la protezione della Confederazione. A questo diritto non può essere frapposto ostacolo per motivi né ecclesia". L'articolo 14 della Costituzione del 2000 si limita a dire: "Il diritto al matrimonio e alla famiglia è garantito".

L'articolo 16 cifra 1 della Dichiarazione universale dei diritti dell'uomo dice:

> Uomini e donne in età adatta hanno il diritto di sposarsi e di fondare una famiglia, senza alcuna limitazione di razza, cittadinanza o religione.

Norme musulmane

Con la libertà religiosa, questa questione rimane il più grave ostacolo della legge musulmana nel presente come lo è stato nel passato. L'articolo 16 cifra 1 della Dichiarazione universale è stato oggetto di riserve da parte di Paesi arabi e musulmani. La Tunisia è il primo Paese musulmano ad aver permesso nel 2018 il matrimonio di una musulmana con un non musulmano, ciò è stato mal accettato dalla popolazione tunisina e dal mondo musulmano. Diamo un'occhiata alle norme musulmane:

- I musulmani sciiti ammettono solo il matrimonio di un musulmano con una donna musulmana. Se un musulmano sposa una donna di un'altra religione, essa deve prima convertirsi all'Islam.
- I musulmani sunniti ammettono un matrimonio musulmano con un monoteista non musulmana (ebrea o cristiana), e quest'ultima può mantenere la sua fede sposando un musulmano sunnita, ma di solito il marito non nasconde il suo desiderio che un tale matrimonio si concluda con la conversione della donna all'Islam. Anche in assenza di pressioni, la donna si sentirà praticamente costretta a diventare musulmana se non vuole essere svantaggiata in materia di successione e guardia dei bambini. Se la donna non è monoteista, deve convertirsi all'Islam o ad un'altra religione monoteista.
- Una musulmana può sposare solo un musulmano. Il non musulmano, che sia monoteista o no, deve prima convertirsi all'Islam se vuole sposare una musulmana.
- Se una donna non musulmana sposata con un non musulmano diventa musulmana, il suo matrimonio si scioglie a meno che il marito non accetti di seguirla nella sua nuova religione.
- Una persona, uomo o donna, che lascia l'Islam non può contrarre un matrimonio. Se l'apostasia viene dopo il matrimonio, questo si dissolve.

Queste norme hanno un effetto in Svizzera. Se una donna musulmana sposa un non musulmano, rischia di essere rapita o uccisa dai suoi genitori e dai suoi correligionari. Per evitare questi problemi, molti uomini svizzeri si convertono all'Islam per forma, senza rendersi conto delle conseguenze legali del loro atto.

3) Matrimonio di godimento (temporaneo)

Norme svizzere

Il matrimonio non è più quello che era, un'alleanza perpetua come insegna sempre la Chiesa cattolica. Nessuno può costringere due sposi a rimanere uniti fino alla morte di uno di loro. Ma un matrimonio che è limitato in anticipo non può essere ammesso secondo la legge svizzera.

Norme musulmane

Gli sciiti conoscono una forma di matrimonio nota come *zawaj al-mut'ah* (letteralmente: matrimonio di godimento) spesso tradotta da un matrimonio temporaneo, previsto dal codice civile iraniano, a partire dal versetto H-92/4:24: "Vi è permesso di ricercare oltre, con le vostre fortune, preservati, non come debosciati. Poi date loro i compensi per ciò che godete di esse, come un'imposizione. Nessuna lagnanza su di voi per ciò che gradite reciprocamente, dopo pagamento dell'imposizione". Questo versetto sarebbe abrogato secondo i sunniti.

Secondo le norme sciite, il marito può, in più delle quattro mogli regolari, prendere altre donne in matrimonio temporaneo che può durare un'ora o parecchi anni. I sunniti non si esitano a qualificarlo "matrimonio di prostituzione". Tuttavia, esistono alcuni rari pensatori sunniti che considerano che questo matrimonio costituisca una soluzione a un problema reale, particolarmente per i giovani musulmani che vivono in Occidente. È il caso di Jamal Al-Banna, fratello cadetto di Hassan Al-Banna, e zio di Tariq Ramadan che ha concluso un tale matrimonio con una delle denuncianti.

4) Poligamia

Norme svizzere

In Svizzera, la poligamia è contraria al principio di uguaglianza sancito dall'articolo 8 della Costituzione del 2000. Esso costituisce un reato punibile ai sensi dell'articolo 215 del codice penale che stabilisce:

> Chiunque contrae matrimonio o un'unione domestica registrata essendo già coniugato o vincolato da un'unione domestica registrata, chiunque contrae matrimonio o un'unione domestica registrata con una persona coniugata o vincolata da un'unione domestica registrata, è punito con una pena detentiva sino a tre anni o con una pena pecuniaria

.

Norme musulmane

Con l'eccezione delle donne schiave e delle donne sposate in matrimonio di godimento, il Corano consente al musulmano di sposare fino a quattro donne alla volta. Ma raccomanda: "Se temete di non essere giusti, allora una sola" (E-92/4:3), aggiungendo: "E non potreste essere giusti tra le donne, anche se badaste" (E-92/4:129). La poligamia è vietata in Tunisia, Turchia e Israele. Le misure sono state prese da alcuni legislatori arabi che limitano la

poligamia, sulla base dei versi coranici di cui sopra. Tali misure variano da Stato a Stato e possono essere riassunti come segue:
- Le donne possono includere una clausola che vieta nuovo matrimonio dandole il diritto di chiedere il divorzio se il marito ne sposa un'altra;
- la donna può chiedere il divorzio in caso di un nuovo matrimonio anche in assenza della clausola contrattuale;
- il marito che intende sposare una seconda, terza o quarta donna deve soddisfare determinate condizioni a discrezione del giudice.

Capita che uno straniero già sposato nel suo Paese di origine sposi una svizzera nascondendo il suo primo matrimonio per ottenere il permesso di soggiorno. Una volta il permesso ottenuto, divorzia e fa venire la sua prima donna. È successo anche che uno svizzero ha fatto un matrimonio all'estero e poi, senza dichiarare il primo matrimonio, ne ha fatto un altro in Svizzera, siccome il primo matrimonio non appare se non con l'intervento del primo congiunto. Il secondo matrimonio in questo caso cade sotto il colpo della legge ed è nullo. Difatti, la bigamia è punibile, anche se il primo matrimonio è stato contrattato all'estero, purché sia stato riconosciuto dal diritto svizzero.

5) Età nel matrimonio

Norme svizzere

L'articolo 94, cifra 1, del codice civile svizzero prevede:
> Per contrarre matrimonio, gli sposi devono aver compiuto il diciottesimo anno d'età ed essere capaci di discernimento.

Norme musulmane

I giuristi musulmani considerano il matrimonio valido durante l'infanzia, basato sul versetto E-99/65:4 che ammette implicitamente il ripudio delle ragazze non-pubere. Essi citano anche il precedente di Muhammad, a 50 anni, ha sposato Ayshah quando aveva 6 anni. In Sudan, l'articolo 40 consente il matrimonio all'età di 10 anni. Un tribunale ha annullato il matrimonio di una bambina di 8 anni perché aveva meno di 10 anni. Nello Yemen, l'età è stata fissata a 17 anni, mentre in precedenza ci sono stati casi di matrimonio di ragazze di 8 anni. In Iran l'età legale del matrimonio per le ragazze è di 13 anni, ma la corte permette il matrimonio di ragazze di 9 anni se il padre ritiene che sia nell'interesse della ragazza. Il codice della famiglia sciita in Iraq consente alle ragazze di sposarsi a 9 anni. Alcuni legislatori arabi stanno cercando di fermare tali pratiche fissando un'età minima per il matrimonio. La maggior parte, tuttavia, concede dispense, alcune anche senza specificare l'età minima per tali dispense. Inoltre, alcuni legislatori ricorrono a limiti procedurali. Il legislatore egiziani vieta il *mazoun* (notaio) per "concludere o confermare il matrimonio a meno che la donna ha raggiunto l'età di 16 anni e gli uomini di 18 anni durante il contratto". Inoltre, i tribunali non possono ammettere il ricorso contro il matrimonio o il riconoscimento, soltanto se sono stati certificati da un documento ufficiale e se entrambi i coniugi hanno l'età legale. Ma come il matrimonio consuetudinario (*'urfi*) è parzialmente valido in Egitto, anche in assenza di *mazoun*, queste disposizioni rimangono di portata limitata.

6) Consenso al matrimonio

Norme svizzere

Il consenso liberamente espresso è una condizione imperativa per la validità del matrimonio. Un matrimonio senza consenso è, in linea di principio, punibile con nullità. Nessuno può essere costretto a sposarsi essendo il matrimonio considerato un atto strettamente personale.

Norme musulmane

Secondo gli autori classici, il tutore ha il diritto di celebrare il matrimonio del minore e della vergine - indipendentemente dall'età - senza il loro consenso. Può anche opporsi al loro matrimonio. Il minore e la vergine tuttavia possono richiedere al giudice lo scioglimento del matrimonio, o di sposarli se il giudice ritiene che sia nel loro interesse.

I legislatori arabi affrontano il problema della conclusione del matrimonio senza il consenso della donna in modo diverso. Diversi codici danno al tutore della donna, in linea di principio un genitore maschio nell'ordine di priorità di successione, il potere di concludere il matrimonio. La donna deve, tuttavia, acconsentire. In altre parole, è necessario l'accordo del tutore e della donna. Altri codici concedono alle donne la possibilità di sposarsi senza il consenso del tutore, se non è vergine (cioè se lei è già sposata prima) o se è maggiorenne. Il tutore può intervenire solo se la dote pagata è insufficiente, o il marito non è degno.

7) Violenza e stupro nella coppia

Norme svizzere

Il diritto svizzero persegue d'ufficio la violenza nella coppia, compresi i rapporti sessuali imposti dall'uno o dall'altro coniuge.

Norme musulmane

Il Corano consente al marito, e solo a lui, di picchiare la moglie se gli disobbedisce, specialmente se si rifiuta di fare sesso con lui. Questa è l'interpretazione data dai giuristi musulmani del versetto E-92/4: 34:

> Gli uomini si elevano al di sopra delle donne perché Dio ha favorito alcuni rispetto ad altri, e perché hanno speso dalle loro fortune. Le donne virtuose sono devote, e custodiscono il segreto che Dio ha custodito per esse. Quelle di cui temete il dissenso, esortatele, abbandonatele nei letti, e picchiatele. Se vi obbediscono, non ricercate più altro sentiero contro di esse. Dio era elevato, grande.

Al-Qurtubi (morto nel 1273), un famoso esegeta, sottolineò che Dio ha autorizzato solo i colpi nel versetto E-92/4:34 come per i grandi delitti, ponendo così la disobbedienza delle donne allo stesso livello di questi crimini, e istruendo i mariti a punirli senza bisogno di un ordine del tribunale, testimoni o prove perché Dio ha affidato le donne agli uomini. Indicò che la punizione può variare a seconda delle donne. Una donna di classe superiore è castigata con la disapprovazione, ma una donna di classe inferiore è castigata con la frusta. Affermò che la donna viene picchiata se rifiuta il rapporto sessuale o di servire suo marito. A questa punizione si aggiunge la perdita del diritto della donna alla pensione.

Questo versetto dà un'immagine negativa dell'Islam. Di conseguenza, alcuni traduttori offrono il termine *udribuhun* traduzioni o annacquate o addirittura errate (Vedere il mio libro: *Frappez les femmes* https://goo.gl/Rzegc6).

Un racconto di Maometto dice: "Comanda ai tuoi figli di pregare all'età di 7 anni e picchiali all'età di 10 anni". Delle Fatwas / dicisioni religiose applicano questo racconto anche in materia di digiuno. La stampa riporta diversi casi di maltrattamento di minori e adulti, costretti ad osservare obblighi religiosi o imparare a memoria il Corano, anche in Occidente. In alcuni Paesi, i bambini sono letteralmente incatenati.

8) Scioglimento del matrimonio

Norme svizzere

Il divorzio può essere sciolto solo davanti alle autorità giudiziarie, anche se entrambi i coniugi possono ottenerlo facilmente in caso di mutuo consenso.

Norme musulmane

Il diritto musulmano prevede principalmente tre modi di sciogliere il matrimonio: il ripudio, il riscatto e il divorzio giudiziale. Questo ultimo non pone problema, vediamo i due primi.

Il ripudio è il diritto riconosciuto all'uomo musulmano, e a lui solo, di mettere fine al matrimonio con una dichiarazione di volontà unilaterale, senza giustificazione e senza passare davanti ad un tribunale.

La donna può negoziare con suo marito un ripudio contro versamento di una somma di denaro. Certi qualificano questo procedimento di divorzio per consenso reciproco. Il termine riscatto sarebbe più appropriato. Difatti, il Corano utilizza il termine *iftadat* (E-87/2:229) che rievoca il riscatto pagato per la liberazione di un prigioniero. Anche se la donna esprime qui la sua volontà di mettere fine al matrimonio, il marito resta padrone della situazione: senza il suo accordo, il matrimonio non può essere sciolto. Il riscatto può essere anche un modo più severo che il ripudio, nella misura in cui permette al marito di esercitare una pressione psicologica e finanziaria sulla sua sposa.

I Paesi musulmani hanno provato a temperare l'abuso degli uomini basandosi sul Corano che vieta al marito di riprendere la sua donna ripudiata prima che sia stata sposata con un altro e che quest'ultimo matrimonio non sia stato sciolto (E-87/2:230).

Un altro mezzo per limitare il ripudio consiste nell'imporre il passaggio davanti al giudice che tenta di conciliare gli sposi. Questo si basa sul Corano che dice: "Se temete un dissenso tra i due, suscitate un giudice dalla sua famiglia a lui, ed un giudice dalla sua famiglia a lei. Se i due vogliono la riconciliazione, Dio ristabilirà la concordia tra loro" (E-92/4:35).

Infine, certi Paesi prevedono il pagamento di un'indennità in caso di ripudio abusivo.

Il divorzio giudiziale dei musulmani ottenuto all'estero non pone problema in Svizzera. In quanto al ripudio e al riscatto, sono vietati in Svizzera perché solo il giudice può pronunciare un divorzio. A causa del rilassamento della procedura di divorzio in Svizzera, diventata semplice tanto quanto il ripudio musulmano in caso di consenso reciproco dei due congiunti, la dottrina e i tribunali svizzeri sono divisi sulla riconoscenza del ripudio fatto all'estero, particolarmente quando c'è consenso delle due parti.

Capita che i musulmani residenti in Svizzera ripudino o divorzino amichevolmente davanti ad un imam o un consolato di un Paese musulmano in Svizzera. Una tale procedura non è ammessa in Svizzera e la coppia resta sposata agli occhi delle autorità.

9) Relazioni tra genitori e bambini

Norme svizzere

In Svizzera, l'articolo 296 del codice civile dice:
   1) L'autorità parentale è volta a garantire il bene del figlio.

2) Finché minorenni, i figli sono soggetti all'autorità parentale congiunta del padre e della madre.

3) I genitori minorenni o sotto curatela generale non hanno autorità parentale. Raggiunta la maggiore età, ottengono l'autorità parentale. Se viene revocata la curatela generale, l'autorità di protezione dei minori decide in merito all'attribuzione dell'autorità parentale conformemente al bene del figlio.

L'articolo 297 A*bis* aggiunge:

1) Se era esercitata congiuntamente, alla morte di un genitore l'autorità parentale spetta al genitore superstite.

2) Se muore il genitore che deteneva l'autorità parentale esclusiva, l'autorità di protezione dei minori trasferisce l'autorità parentale al genitore superstite oppure nomina un tutore, scegliendo la soluzione più adatta a tutelare il bene del figlio.

Riguardo all'educazione religiosa, l'articolo 303 dice:

1) I genitori dispongono dell'educazione religiosa.

2) Ogni convenzione che limiti questo diritto è nulla.

3) Il figlio che ha compluto il sedicesimo anno di età decide liberamente circa la propria confessione religiosa.

Se i coniugi non sono d'accordo, possono rivolgersi, insieme o separatamente, a consultori matrimoniali o familiari o chiedere la mediazione del giudice (articoli 171 et 172).

Norme musulmane

In diritto musulmano, si distingue tra il diritto di guardia (*hadanah*) e la patria potestà (*wilayah*). Le norme degli Stati musulmani si somigliano sui punti essenziali: la madre ottiene la guardia del bambino durante un periodo limitato, guardia ridotta se la madre non è musulmana, o soppressa se la madre apostata. La patria potestà resta tra le mani del padre. I bambini devono essere educati nella religione musulmana. I genitori non hanno altra scelta se uno di essi è musulmano, ed il bambino non può preferire un'altra religione una volta maggiorenne. In caso di apostasia del padre, questo perde tanto la patria potestà quanto la guardia.

Il problema si pone in particolare nell'ambito dei matrimoni misti. Il marito musulmano esige generalmente che i suoi bambini siano educati nella religione musulmana, esigenza davanti alla quale la sposa non musulmana s'inclina spesso facilmente. Nel caso dove i due congiunti non sono d'accordo, la coppia decide generalmente di divorziare.

Per ciò che riguarda il potere del padre sul matrimonio dei suoi bambini, i genitori musulmani che vivono in Svizzera non possono costringere i loro figli a sposarsi, e non possono opporsi al loro matrimonio, per esempio con un non musulmano. Per aggirare la legge svizzera, dei genitori musulmani rinviano le loro figlie nel loro Paese di origine per imporre loro un matrimonio aggiustato dalla famiglia..

Uno dei problemi più acuti è quello del rapimento di bambini. Nessun Paese arabo, tranne il Marocco, ha ratificato la Convenzione dell'Aia sul rapimento internazionale dei bambini.

10) Diritto successorio

Norme svizzere

L'articolo 8 della Costituzione del 2000 proibisce la discriminazione basata sul sesso o le convinzioni religiose. Il diritto successorio è disciplinato dal codice civile. Non vi è alcun riferimento alla religione e al sesso degli eredi. Nessuno può essere totalmente o parzialmente privato dei suoi diritti di successione per motivi di affiliazione religiosa o sesso

Norme musulmane

Il diritto musulmano comporta delle norme discriminatorie al riguardo delle donne in materia successoria (vedere il mio libro: *Les successions en droit musulman* https://goo.gl/Yk9n1a). Questa discriminazione trae il suo fondamento dal Corano che accorda generalmente a una donna la metà di quanto accordato a un uomo. Una figlia riceve dunque la metà di quello che riceve un suo fratello maschio, e la moglie riceve la metà di quanto riceverebbe il marito (E-92/4:11-13). Si attribuisce questa discriminazione al fatto che gli uomini hanno più carichi che le donne. Queste giustificazioni non tengono conto dal fatto che certe donne provvedono oggi più degli uomini ai bisogni delle loro famiglie

Il diritto musulmano comporta anche delle norme discriminatorie a causa dell'appartenenza religiosa. Un musulmano che apostata non può ereditare da nessuno, e la sua successione è aperta durante la sua vita, particolarmente se abbandona il suo Paese per sfuggire alla giustizia. Solo i suoi eredi musulmani possono ereditare da lui. Se ritorna all'islam, recupera i suoi beni. D'altra parte, il musulmano non può ereditare da un cristiano e viceversa. Così, se una non musulmana sposa un musulmano e mette al mondo dei bambini, necessariamente musulmani secondo il diritto musulmano, non può ereditare dal suo marito o dai suoi bambini. D'altra parte, i bambini musulmani non possono ereditare dalla loro madre non musulmana. Se un cristiano diventa musulmano, solo i suoi bambini che diventano musulmani possono ereditare da lui. Solo modo per aggirare questa regola: costituire un testamento a concorrenza di un terzo della successione in favore dell'erede privato dell'eredità per ragione di differenza di religione. Le norme musulmane in materia di successione incitano le donne non musulmane sposate a musulmani a diventare musulmane, per la forma, per non perdere la loro parte di eredità del loro marito e affinché i loro bambini, in generale musulmani, non siano esclusi dalla loro eredità.

Quando il defunto ha il suo ultimo domicilio in Svizzera, le autorità svizzere sono competenti (articolo 86 par. 1 LDIP), e applicano il diritto svizzero (articolo 90 par. 1 LDIP). Se il defunto è musulmano, le norme musulmane sono scostate per la regola di conflitto di leggi. Il problema si pone quando il defunto ha scelto nel suo testamento l'applicazione del diritto musulmano del suo Stato nazionale, poiché il diritto svizzero permette di scegliere la legge applicabile (articolo 90 par. 2 LDIP). Parimenti, se il defunto straniero ha avuto il suo ultimo domicilio nel suo Paese di origine, le autorità svizzere sono competenti solamente se ha lasciato dei beni immobiliari in Svizzera e unicamente nella misura in cui le autorità straniere non si occupano della successione (articolo 88 par. 1). In questo caso, la successione è retta dal diritto che designano le regole di diritto internazionale privato dello Stato in cui il defunto era domiciliato (articolo 91 par. 1). È qui anche molto possibile che il diritto musulmano sia applicabile. Infine, bisogna tenere conto delle convenzioni internazionali, particolarmente della Convenzione di stabilimento tra la Svizzera e l'Iran del 1934 che prevede l'applicazione del diritto nazionale del defunto.

Se le ereditiere sono d'accordo per l'applicazione delle norme musulmane che li discriminano, le autorità svizzere chiamate a dividere la successione e le banche svizzere sollecitate a trasferire la successione agli eredi, non devono sollevare d'ufficio il carattere discriminatorio delle norme musulmane. Dovrebbe andare diversamente se le ereditiere richiedono il rispetto del principio costituzionale dell'uguaglianza dei sessi. Bisogna ricordare infatti che numerose voci nel mondo musulmano richiedano l'applicazione di una tale uguaglianza in materia successoria.

Capitolo III
Diritto penale e punizioni crudeli

Norme svizzere

Le sanzioni penali per le violazioni della legge sono fornite principalmente dal codice penale che segue il principio dell'umanizzazione della pena. L'articolo 5 della Dichiarazione universale dice: "Nessun individuo potrà essere sottoposto a tortura o a trattamento o a punizione crudeli, inumani o degradanti". L'articolo 10 della Costituzione del 2000, cifra 3, stabilisce:

> La tortura nonché ogni altro genere di trattamento o punizione crudele, inumano o degradante sono vietati.

Norme musulmane

Sulla base del Corano e della Sunnah di Maometto, i giuristi musulmani classici distinguono tra due categorie di reati:

- I reati puniti con sanzioni *had*/fisse previste dal Corano o dalla Sunnah di Maometto. Questa categoria raggruppa i seguenti reati, secondo il codice penale unificato arabo, l'adulterio (punizione: lapidazione se l'autore del reato è sposato, e la fustigazione per i non sposati), la calunnia di adulterio (punizione: fustigazione), il consumo di alcol (punizione: fustigazione), furto (punizione: amputazione della mano destra per la prima volta, e del piede destro in caso di recidiva), *haraba*/banditismo e *baghy*/ribellione (punizione: pena di morte in caso di morte, che abbia preso dei beni o meno; amputazione della mano destra e del piede sinistro, se ha attaccato la proprietà, l'onore o una persona senza provocare la morte) e l'apostasia (punizione: pena di morte). Viene aggiunta il pregiudizio alla vita e all'integrità fisica (punizione: *qasas*/ritorsione equivalente alla categoria e al grado del reato, che può essere commutata in *diyya*/risarcimento o *arsh*/indennità).
- I reati puniti con sanzioni *ta'zir*/discrezionali. Questa categoria comprende i reati menzionati sopra di cui manca una delle condizioni. Include anche reati che non sono previsti nella prima categoria.

Una volta che le condizioni per un reato *had*/fisso sono soddisfatte, il colpevole non può essere perdonato (rilascio totale o parziale della pena o commutazione in una pena più lieve). Questo deriva dal versetto coranico E-87/2:229: "Ecco i limiti di Dio, non trasgrediteli allora. Chiunque trasgredisce i limiti di Dio, quelli sono gli oppressivi".

L'articolo 47 del codice penale unificato arabo dice: "Con l'eccezione delle pene *had*/fisso e *qasas*/ritorsione, il Capo dello Stato può accordare la grazia, su proposta della Commissione d'amnistia. La grazia può riguardare. tutta o parte della pena, o commutarla in un'altra pena".

La maggior parte dei Paesi arabi ha optato per un sistema moderno di sanzioni prese principalmente dall'Occidente. Tuttavia, ci sono ancora alcuni Paesi che continuano a ricorrere alle cosiddette sanzioni islamiche o sono ritornate loro. Così, l'Arabia Saudita continua a imporre sanzioni islamiche contro reati come il furto, l'adulterio, il pregiudizio alla vita e all'integrità fisica e l'apostasia, mentre l'Egitto, per esempio, ha abbandonato queste sanzioni.

L'applicazione del sistema penale musulmano è una rivendicazione persistente dei musulmani. Il Consiglio dei ministri arabi di giustizia ha approvato all'unanimità il codice penale unificato arabo nel 1996, che prevede queste sanzioni in attesa di giorni adatti per la loro applicazione. Abbiamo tradotto in francese la sezione sulle sanzioni islamiche (https://goo.gl/pqfY15). Daesh è stato rapido nell'applicare queste norme nelle aree che ha occupato in Iraq e in Siria. Dei musulmani in Occidente sostengono l'applicazione del sistema penale musulmano, e Hani Ramadan ha sostenuto la lapidazione per adulterio. Un manuale saudita insegnato agli studenti musulmani in Gran Bretagna descrive queste sanzioni.

Capitolo IV
Libertà individuale e schiavitù

Norme svizzere

La schiavitù è un flagello conosciuto in tutte le società fin dai tempi antichi. Si trova nelle tre religioni monoteiste. La Svizzera partecipò attivamente alla tratta degli schiavi, il famoso "commercio triangolare" che, tra il XVI e il XIX secolo, fu organizzato tra l'Europa, l'Africa e il Nuovo Mondo. Le banche svizzere hanno posseduto fino a un terzo delle azioni della Compagnia delle Indie, una società francese con un monopolio nel commercio di schiavi dell'Africa occidentale. Società di negozio hanno finanziato o scambiato con delle compagnie di schiavi. Durante il conflitto sull'abolizione negli Stati Uniti, la maggioranza dell'opinione pubblica svizzera era dalla parte dei nordici. Gli Stati del sud, tuttavia, erano sostenuti da emigranti svizzeri, loro stessi proprietari di schiavi. Dopo la prima guerra mondiale, la Svizzera ha firmato una serie di accordi internazionali contro la schiavitù. Nel 1926 ratificò la Convenzione di Ginevra del 25 settembre 1926 concernente la schiavitù e, nel 1956, la Convenzione supplementare sull'abolizione della schiavitù, del commercio di schiavi, e sulle istituzioni e pratiche assimilabili alla schiavitù.

Norme musulmane

Il Corano contiene molti versetti che trattano della schiavitù e delle donne schiave acquisite dai musulmani durante le razzie. Sebbene preveda la possibilità di liberarli per espiare determinati reati, il Corano non prevede l'abolizione totale della schiavitù. Al contrario, i musulmani hanno ampiamente partecipato al commercio degli schiavi e alla schiavitù per 14 secoli, e la sua abolizione è stata raggiunta solo grazie alle pressioni occidentali. Questa abolizione avvenne in Arabia Saudita solo nel 1968, causando una condanna degli ambienti religiosi nelle due città sante della Mecca e Medina. La schiavitù è ancora mantenuta in Sudan e in Mauritania.

Diversi fatwas e articoli pubblicati nei siti sauditi sostengono apertamente il ritorno alla schiavitù, che non può essere abolito perché è fornito dal Corano. Replicando ad un autore che nega la schiavitù nell'Islam, Al-Mawdudi (1979), il grande studioso religioso pakistano, dice: "L'onorevole autore è in grado di indicare una singola norma coranica che sopprime la schiavitù in un modo assoluto per il futuro? La risposta è sicuramente no". L'abolizione della schiavitù nell'Islam è quindi congiunturale e temporanea; la schiavitù può essere riabilitata in qualsiasi momento in cui i musulmani hanno il potere di riattivarla. Ed è quello che ha fatto Daesh nelle aree occupate dell'Iraq e della Siria.

Ridotta in schiavitù da Daesh in Iraq, una ragazza yazidita rifugiata in Germania ha deciso di lasciare il Paese europeo. Per una buona ragione. Sostiene di essere venuta faccia a faccia con il suo carnefice, che è stato registrato come richiedente asilo. In un'intervista all'agenzia di stampa curda *Bas News*, citata dal quotidiano britannico The Times, la giovane donna ha affermato di essere stata fermata per strada da Abu Humam, l'individuo che l'ha comprata a Mosul per un centinaio di dollari, mentre che stava andando a casa a Stoccarda.

"Mi sono bloccata quando ho visto la sua faccia, era Abu Humam, con la stessa barba spaventosa e una faccia disgustosa", dice Ashwaq Ta'lo, citato da Bas News. La giovane donna sostiene di aver visto due volte, nel 2016 e nel 2018, il suo carnefice in Germania.

Gli avrebbe detto: "Io sono Abu Humam e tu sei stata con me per un po' a Mosul, e so dove vivi, con chi vivi e cosa fai". Ashwaq Ta'lo si rivolse poi alla polizia tedesca, che riuscì a identificare l'individuo sui filmati della videosorveglianza. Ma le autorità gli hanno detto che non avevano alcuna ragione per arrestare Abu Humam, che era anche registrato come rifugiato.

Dopo questo trauma, la giovane donna che era riuscita a fuggire dalle grinfie di Daesh ha deciso di lasciare la Germania per tornare in Kurdistan, secondo Bas News. "Ho deciso di tornare in Kurdistan e non tornare più in Germania", ha detto (https://goo.gl/DHPahF).

Dato il lassismo delle autorità occidentali, non è escluso che i casi di schiavitù esistano e si verificheranno in Occidente da musulmani motivati dalle norme musulmane che legittimano lo stupro delle donne miscredenti. Queste norme devono essere collegate a quello che è successo in Germania e altrove da parte dei migranti musulmani.

Capitolo V
Libertà di religione

La libertà di religione può essere invocata in molte aree. Ci limitiamo in questo capitolo alle seguenti questioni: libertà di adesione, marchiatura religiosa, libertà di espressione, preghiera e digiuno del Ramadan, luoghi di culto e personale religioso.

1) Libertà di aderire

Norme svizzere

L'articolo 15 della Costituzione dice:
1) La libertà di credo e di coscienza è garantita.
2) 2 Ognuno ha il diritto di scegliere liberamente la propria religione e le proprie convinzioni filosofiche e di professarle individualmente o in comunità.
3) Ognuno ha il diritto di aderire a una comunità religiosa, di farne parte e di seguire un insegnamento religioso.
4) Nessuno può essere costretto ad aderire a una comunità religiosa o a farne parte, nonché a compiere un atto religioso o a seguire un insegnamento religioso.

Abbiamo citato sopra l'articolo 303 CC che affida l'educazione religiosa del bambino al padre e alla madre, e dà al figlio che ha compiuto il sedicesimo anno di età il diritto di decidere "liberamente circa la propria confessione religiosa".

Norme musulmane

Nel diritto musulmano, il figlio di cui uno dei genitori è musulmano è obbligatoriamente musulmano, anche se i suoi genitori sono di opinione contraria. Una volta adulto, non ha il diritto di cambiare religione.

Il diritto musulmano incoraggia la conversione all'Islam, ma punisce severamente l'abbandono dell'Islam. Due Stati arabi prevedono espressamente la pena di morte, a sapere la Mauritania e il Sudan. Altrove l'apostata non è più sicuro, a volte viene ucciso da un membro della sua famiglia. Non può sposarsi, il suo matrimonio è sciolto, i suoi figli gli sono presi e la sua successione viene aperta. Non può accedere a funzioni pubbliche. È anche vietato convertire qualcuno che è musulmano. Un convertito troverà raramente un prete che accetterà di battezzarlo, e se lo farà, sarà sempre a condizione di silenzio. Il Codice penale arabo unificato, adottato da tutti i ministri arabi di giustizia nel 1996 e trovato sul sito web della Lega araba, prevede negli articoli 162-165 la pena di morte contro gli apostati (vedere il mio libro: *Les sanctions dans l'islam: avec le texte et la traduction du code pénal arabe unifié*: https://goo.gl/pqfY15).

In Svizzera, ciascuno può diventare musulmano, e i musulmani praticano talvolta ad oltranza il proselitismo, anche nelle prigioni. Gli imam permettono solo che una cerimonia religiosa venga celebrata in un matrimonio musulmano solamente se l'uomo si converte all'islam, e alcuni esercitano anche pressioni contro la donna cristiana che vuole sposare un musulmano al fine di farla diventare musulmana. Mentre i convertiti all'Islam partecipano apertamente a programmi radiofonici e televisivi per esaltare i meriti dell'Islam, raramente un cristiano di origine musulmana osa fare lo stesso. In Svizzera, i musulmani sono visti distribuire copie del Corano proveniente dall'Arabia Saudita, anche davanti al parlamento federale, mentre l'Arabia Saudita vieta l'ingresso della Bibbia nel suo territorio.

Notiamo qui che Jean-Pierre Chevènement, mentre era ministro degli Interni, durante una consultazione che riuniva tutte le federazioni musulmane, le grandi moschee e alcune personalità, ha presentato loro un testo che non potrebbe " essere oggetto di negoziazione", ma che è stata tuttavia modificato. Il testo originale affermava che questa Convenzione "sancisce, tra l'altro, il diritto di ogni persona di cambiare religione o fede". Se un musulmano è libero di cambiare religione, la sua decisione sostituisce quella del gruppo. Dopo lunghe discussioni, questo punto è stato finalmente ritirato su richiesta delle autorità musulmane, in particolare dell'UOIF (Unione delle organizzazioni islamiche di Francia). Il patto è stato firmato il 28 gennaio 2000. La Commissione Federale contro il Razzismo non ha mai affrontato questo problema poiché sta premendo per condannare ciò che considera una violazione della libertà religiosa, come ha dimostrato durante il voto sui minareti.

2) Marchiatura religiosa

Norme svizzere

L'articolo 10 della Costituzione del 2000 stipula:

1) Ognuno ha diritto alla vita [...]

2) Ognuno ha diritto alla libertà personale, in particolare all'integrità fisica e psichica e alla libertà di movimento.

3) La tortura nonché ogni altro genere di trattamento o punizione crudele, inumano o degradante sono vietati.

Gli articoli 122 e 123 del codice penale svizzero incriminano rispettivamente le lesioni gravi e le lesioni semplici. L'articolo 124 è specifico per la mutilazione degli organi genitali femminili.

A prima vista, queste disposizioni, che si trovano praticamente in tutte le legislazioni nazionali, dovrebbero essere sufficienti per proibire la circoncisione maschile e femminile in Svizzera. Sfortunatamente, né il legislatore svizzero né il legislatore internazionale accettano una simile conclusione. Condannano solo la circoncisione femminile e rimangono in silenzio al riguardo della circoncisione maschile, principalmente per una ragione politica: il timore di essere accusati di antisemitismo. Va notato che né la Dichiarazione universale dei diritti dell'uomo né la Convenzione europea sui diritti umani menzionano espressamente il diritto all'integrità fisica. Questo oblio può non essere una coincidenza. Riteniamo che la distinzione tra circoncisione maschile e circoncisione femminile non sia giustificabile e viola il principio di non discriminazione. Né l'una, né l'altra dovrebbe essere praticata su un minore non consenziente senza motivo medico reale e attuale, indipendentemente dalla religione.

Norme musulmane

I cristiani procedono al battesimo dei bambini. Sebbene secondo la dottrina cristiana il battesimo segna un marchio indelebile, non lascia tracce fisiche come la circoncisione maschile praticata da ebrei, musulmani e alcuni gruppi cristiani (il 100% in Egitto e il 60% negli Stati Uniti). La circoncisione femminile è praticata anche tra i musulmani (secondo le statistiche del 2014, il 91% delle donne egiziane tra i 15 e i 45 anni sono circoncise), gli ebrei falacha e alcuni gruppi cristiani (come in Egitto). Questi gruppi rivendicano queste usanze in nome della libertà religiosa e dei diritti culturali. Migliaia di donne sono circoncise in Occidente, inclusa la Svizzera, e alcune famiglie mandano le loro figlie nei loro Paesi d'origine per essere circoncise (vedere il mio libro: *Circoncisione: Il complotto del silenzio* https://goo.gl/g4v2Xd).

3) Libertà di espressione

Norme svizzere

L'articolo 16 della Costituzione afferma:

1) La libertà d'opinione e d'informazione è garantita.

2) Ognuno ha il diritto di formarsi liberamente la propria opinione, di esprimerla e diffonderla senza impedimenti.

3) Ognuno ha il diritto di ricevere liberamente informazioni, nonché di procurarsele presso fonti accessibili a tutti e di diffonderle.

Sarebbe illusorio, tuttavia, credere che la libertà di espressione sia assoluta. Secondo l'articolo 261 del codice penale svizzero, "chiunque pubblicamente ed in modo abietto offende o schernisce le convinzioni altrui in materia di credenza, particolarmente di credenza in Dio... è punito con una pena pecuniaria". Altri limiti sono stabiliti nell'articolo 261*bis* adottato il 18 giugno 1993 e in vigore dal 1 ° gennaio 1995 sulla discriminazione razziale.

Norme musulmane

Il diritto musulmano impone limiti soprattutto nel campo della religione musulmana. Lo stesso Corano critica fortemente i non musulmani, sia politeisti sia monoteisti, in molti versetti. Il primo capitolo del Corano, chiamato *Al-Fatiha*, che il musulmano deve ripetere fino a 17 volte al giorno, dice:

> Dirigici verso la retta via. La via di quelli che hai gratificato, non la via di quelli incorrenti la collera, né la via degli smarriti (M-5/1:6-7).

Secondo gli esegeti musulmani, quelli incorrenti la collera di Dio sono gli ebrei, e quelli smarriti sono i cristiani. Ciò che costituisce un vero lavaggio del cervello e una chiamata quotidiana all'odio. Questo viene insegnato nelle scuole (vedere il mio libro: *La Fatiha et la culture de la haine* https://goo.gl/uTJk7Z).

Nessuna critica all'Islam è consentita. I due casi più pubblicizzati sono quelli di Salman Rushdie contro il quale l'Imam Khomeini ha emesso il 14 Febbraio 1989 una fatwa per ucciderlo dopo la pubblicazione del suo libro I versetti satanici, e le vignette su Maometto pubblicate il 30 Settembre 2005 su un giornale danese. Possiamo anche citare l'attacco contro il quotidiano *Charlie Hebdo* del 7 gennaio 2015 a Parigi. Questi sono fatti che si svolgono in Occidente. E non parleremo di molti casi in cui la libertà di espressione è imbavagliata nei Paesi arabi e musulmani.

Per quanto riguarda la Svizzera, si può segnalare l'affare Voltaire che ha esordito nel luglio 1993, in occasione del terzo centenario della sua nascita in 1694. Un regista francese, Hervé Loichemol, inviò una domanda di sovvenzione alla Città di Ginevra per presentare un dramma di Voltaire intitolata *Maometto o il fanatismo*. Le autorità ginevrine cariche degli affari culturali rifiutarono di finanziare il teatro argomentando: "Non vogliamo portare offesa alla comunità musulmana di Ginevra". Il produttore, offeso, organizzò un dibattito pubblico per discuterne con i rappresentanti dei media locali, le autorità e la comunità musulmana. I rappresentanti della *Fondazione culturale musulmana* e quelli del *Centro musulmano di Ginevra* si sono uniti alle autorità di Ginevra contro il produttore francese, e il dramma non fu presentato.

Si noti qui che la Commissione federale contro il razzismo è contro qualsiasi critica dell'Islam. Ha anche finanziato un simposio presso l'Università di

Friburgo il 27 giugno 2017 con tema *L'ostilità verso i musulmani*. Ma non dice una parola sulle norme e le pratiche discriminatorie musulmane contro i non musulmani. Motivo per cui alcuni rivendicano lo scioglimento di questa commissione a causa del suo atteggiamento discriminatorio.

4) Libertà di espressione artistica

Norme svizzere

L'arte è parte della libertà di espressione. Articolo 69 par. 1 della Costituzione dice che il settore culturale compete ai Cantoni. Il par. 2 aggiunge che "la Confederazione può sostenere attività culturali d'interesse nazionale e promuovere l'espressione artistica e musicale, in particolare tramite la formazione".

L'articolo 67a insiste sulla formazione musicale.

1) La Confederazione e i Cantoni promuovono la formazione musicale, in particolare dell'infanzia e della gioventù.
2) Nei limiti delle loro competenze, la Confederazione e i Cantoni si impegnano a promuovere nelle scuole un'educazione musicale di qualità. Se gli sforzi di coordinamento dei Cantoni non sfociano in un'armonizzazione degli obiettivi dell'educazione musicale nelle scuole, la Confederazione emana le norme necessarie.
3) Con la collaborazione dei Cantoni, la Confederazione stabilisce i principi per l'accesso dei giovani alla pratica musicale e la promozione dei talenti musicali.

Norme musulmane

Il diritto musulmano ha una posizione che può essere considerata ostile all'arte nella maggior parte delle sue forme: musica, canto, danza, scultura, disegno, teatro, cinema. Non ha senso ricordare la distruzione delle statue di Buddha in Afghanistan come quelle in Iraq e in Siria, persino croci e statue religiose nelle chiese. Fino ad oggi, a parte la corrente sciita, i Paesi musulmani si sono opposti alla rappresentazione dei profeti sia nel cinema, che nel teatro, nella scultura e nei disegni. Alcuni ambienti religiosi se la sono pure presa con degli strumenti musicali. Queste norme islamiche sono talvolta invocate in Occidente da genitori musulmani che rifiutano di lasciare che i loro figli imparino la musica, cantino o disegnino a scuola. Ci sono stati diversi attacchi da parte di musulmani contro statue religiose e non religiose nei Paesi occidentali, tra cui a Ginevra. Questi atti sono spesso attribuiti a persone considerate squilibrate, mentre sono basate su norme islamiche (vedere il mio libro: *L'Islam et la destruction des statues* https://goo.gl/p49fgh).

5) Preghiere e digiuno di Ramadan

Norme svizzere

L'articolo 15 della Costituzione dice nei par. 3 e 4:

> 3) Ognuno ha il diritto di aderire a una comunità religiosa, di farne parte e di seguire un insegnamento religioso.
>
> 4) Nessuno può essere costretto ad aderire a una comunità religiosa o a farne parte, nonché a compiere un atto religioso o a seguire un insegnamento religioso.

Norme musulmane

Abbiamo già visto che l'Islam proibisce l'apostasia. Questo non consiste solo nell'abbandonare l'Islam per un'altra religione, ma nel prendere una posizione critica nei confronti dell'Islam o di una delle sue pratiche. Si parla di "elementi necessariamente conosciuti". Fin dalla tenera età, i bambini sono costretti dai genitori ad osservare le pratiche religiose, inclusa la preghiera. Maometto dice: "Comanda ai tuoi figli di pregare all'età di sette anni e colpiscili all'età di dieci anni". Delle Fatwas applicano questo racconto anche in materia di digiuno.

La preghiera e il digiuno sono due dei cinque pilastri dell'Islam. Chi li abbandona pensando che non sono obbligatori, è apostata passibile della pena di morte. In quanto a quello che li abbandona per pigrizia, certi giuristi prevedono di ucciderlo, e altri prevedono di castigarlo e di incarcerarlo fino alla sua morte o il suo pentimento. Una fatwa saudita permette a un funzionario di uccidere il suo collega se non osserva la preghiera. Il codice penale mauritano considera il rifiuto di pregare come un'apostasia punita di morte. Molti Paesi musulmani puniscono qualsiasi violazione pubblica del digiuno, anche da parte di non musulmani. Gli orari a scuola e al lavoro sono alleggeriti e organizzati per soddisfare le esigenze religiose durante questo mese. I musulmani stanno cercando di imporre il digiuno del Ramadan ai loro correligionari anche in Occidente. Diversi incidenti violenti o addirittura fatali sono stati segnalati dalla stampa.

Si può permettere agli alunni musulmani di interrompere i corsi per compiere le loro preghiere quotidiane? Questa questione non si è ancora posta in Svizzera, ma lo è stata in Italia quando un padre pakistano ha chiesto alla direttrice di una scuola in un paese dei dintorni di Bologna di permettere alla sua figlia di nove anni di pregare sola durante alcuni minuti. La risposta è stata negativa e ha provocato una polemica tra la chiesa cattolica, la comunità musulmana e la chiesa evangelica, quest'ultima sostenendo la comunità musulmana.

Il digiuno di Ramadan pone anche dei problemi. Certo, i lavoratori musulmani possono prendere le loro ferie annue durante questo mese, ma non potrebbero chiedere una pianificazione del tempo di lavoro in funzione di questo mese. Il ministro danese per l'immigrazione e l'integrazione ha invitato i musulmani a prendere congedo durante il Ramadan in nome della sicurezza sul lavoro e della produttività. La situazione è ancora più difficile per la scuola poiché l'allievo non potrà prendere ferie durante questo mese e non potrà beneficiare di una pianificazione del tempo della scuola. È stato riferito che gli studenti musulmani esercitano pressioni contro i loro colleghi musulmani che non osservano il digiuno del Ramadan, facendo il segno della loro macellazione.

6) Luoghi di culto e personale religioso

Norme svizzere

In Svizzera, l'articolo 50 cpv. 1 della Costituzione del 1874 diceva: "Il libero esercizio dei culti è garantito entro i limiti dei buoni costumi e dell'ordine pubblico". La Costituzione del 2000 non prevede espressamente il libero esercizio della religione, ma questa libertà è compresa nell'articolo 15 par. 2 che dice: "Ognuno ha il diritto di scegliere liberamente la propria religione e le proprie convinzioni filosofiche e di professarle individualmente o in comunità".

Norme musulmane

Nei Paesi musulmani, c'è una confusione tra lo Stato e la religione. Una delle funzioni dello Stato è di assicurare la propagazione della religione musulmana e il rispetto degli obblighi religiosi dai suoi cittadini. Il mantenimento dei luoghi e del personale di culto dei musulmani è al carico dello Stato.

Il diritto musulmano garantisce la libertà di culto alle minoranze religiose riconosciute. Tuttavia la situazione differisce di un Paese all'altro. Così, in Egitto, non è sempre facile ottenere un permesso per costruire o riparare una chiesa. L'Oman concede gratuitamente dei terreni per la costruzione di chiese. L'Arabia saudita rappresenta il caso estremo, vietando ogni libertà di culto ai non musulmani. Le migliaia di cristiani che ci lavorano non hanno il diritto a una chiesa e non possono neanche riunirsi in un luogo privato per pregare in comunità. Quelli che sono presi in flagrante sono fermati, incarcerati e spesso deportati. Quelli che tengono ad assistere alle messe a Pasqua o a Natale, partono in vacanza agli Emirati arabi uniti o a Bahrein.

Oggi, i musulmani dispongono in Svizzera di alcune moschee e di numerosi luoghi di culto. Il personale ed i luoghi di culto sono finanziati spesso dai

Paesi musulmani che cercano d'esercitare un certo controllo sui loro cittadini.

Uno degli obiettivi mirati dai musulmani chiedendo la *riconoscenza dell'islam* in Svizzera è di potere beneficiare di finanziamento dei luoghi dei culti e la creazione di una cattedra per le scienze musulmane alla Facoltà di Teologia in un Cantone svizzero tedesco e un'altra cattedra in un Cantone svizzero francese, finanziate dalle autorità svizzere come lo sono le cattedre per gli studi ebraici e cristiani. Sarebbe sbagliato opporsi alla formazione degli imam in Svizzera. I musulmani sono venuti in Svizzera per restarci. Lasciarli in balia d'imam istruiti all'estero prima o poi metterà a repentaglio la pace confessionale in Svizzera. Per questo motivo, sarebbe più saggio autorizzare tale formazione, e controllare attentamente il suo contenuto in modo che questa formazione sia conforme ai principi costituzionali svizzeri, in particolare per quanto riguarda la libertà religiosa e l'uguaglianza tra le persone indipendentemente dal sesso. o dalla loro religione.

Un'iniziativa popolare è stata depositata l'8 luglio 2008, con l'obbiettivo di introdurre nell'articolo 72 della Costituzione un terzo paragrafo che vieta l'edificazione di minareti. Nonostante il Parlamento e il Consiglio federale abbiano raccomandato al popolo di respingere questa iniziativa, e con sorpresa degli autori di quest'ultima, il popolo svizzero ha votato a favore del divieto di edificare minareti il 29 novembre 2009.

Capitolo VI
Scuola e religione

La scuola è per eccellenza il luogo del vivere insieme. È anche il luogo dove nascono esistenze sociali mal gestite. Affronteremo quattro questioni aventi un legame con la religione e con la scuola: l'insegnamento religioso, i segni religiosi distintivi, la promiscuità e il contenuto dei corsi.

1) Insegnamento religioso

Norme svizzere

La Svizzera comporta tanti sistemi scolastici quanti cantoni. Ci limiteremo qui al quadro generale invalso dalla Costituzione federale e il Codice civile. Come notato sopra, l'articolo 15 par. 3 e 4 della Costituzione del 2000 indica:

> 3) Ognuno ha il diritto di aderire a una comunità religiosa, di farne parte e di seguire un insegnamento religioso.
>
> 4) Nessuno può essere costretto ad aderire a una comunità religiosa o a farne parte, nonché a compiere un atto religioso o a seguire un insegnamento religioso.

L' par. 2 dell'articolo 62 aggiunge: "I Cantoni provvedono a una sufficiente istruzione scolastica di base, accessibile a tutti i giovani".

L'articolo 303 del Codice civile stipola:

> 1) I genitori dispongono dell'educazione religiosa.
>
> 2) Ogni convenzione che limiti questo diritto è nulla.
>
> 3) Il figlio che ha compiuto il sedicesimo anno di età decide liberamente circa la propria confessione religiosa.

Il carattere confessionalmente neutro della scuola pubblica non si limita all'insegnamento religioso, il quale non deve essere a carattere proselito, ma si estende anche all'organizzazione della scuola e all'atteggiamento dei maestri, come vedremo nei segni distintivi alla scuola. Si possono dedurre delle norme federali svizzere suddette i tre seguenti principi fondamentali:

a) La Costituzione garantisce la libertà religiosa di aderire o di non aderire a una comunità religiosa, di seguire o di non seguire un insegnamento religioso.

b) I genitori dispongono dell'educazione religiosa del figlio fino all'età di 16 anni. A questa età, il figlio è libero di scegliere la sua confessione.

c) La Costituzione vieta l'insegnamento religioso obbligatorio nelle scuole pubbliche che devono essere organizzate nel rispetto della neutralità confessionale.

Norme musulmane

L'educazione religiosa occupa un posto importante nei Paesi musulmani. I genitori non possono esentare i loro figli dall'educazione religiosa o scegliere la religione dei loro figli. Se uno dei genitori è musulmano, i bambini sono considerati obbligatoriamente musulmani e istruiti secondo questa religione, anche in caso di apostasia (abbandono dell'Islam) dei genitori.

Gli alunni non s'interessano alle religioni dei loro colleghi, pur studiando sotto lo stesso tetto. Non esistono riunioni ecumeniche. Le biblioteche delle scuole governative non contengono libri religiosi cristiani. Questa chiusura alla religione dei non musulmani da parte del governo, contrasta con la sua volontà di fare passare l'insegnamento religioso musulmano nei manuali di lingua araba ai cristiani come ai musulmani. Questa chiusura risolta dal fatto che Maometto aveva vietato ai suoi compagni di leggere i libri religiosi degli altri. Diverse fatwa vanno in questa direzione e accettano solo coloro che vogliono rispondere ai seguaci di queste religioni.

Ogni società ha il suo dibattito sull'insegnamento religioso nella scuola con lo scopo di evitare dei confronti religiosi e di assicurare la pace sociale. In Svizzera, questo dibattito va amplificandosi a causa del carattere cosmopolita crescente della società e dell'aumento delle sette.

In un dialogo con Tariq Ramadan, Jacques Neirynck considera che si vivrebbe forse meglio il pluralismo religioso "se questo pluralismo fosse rispettato nelle scuole. Da una parte, delle ore d'insegnamento religioso dove gli allievi si dividono per seguire l'insegnamento della loro religione. D'altra parte, momenti d'incontro affinché ciascuno conosca la fede degli altri".
Tariq Ramadan risponde a questa proposta:

> Occorre un dibattito di fondo sul contenuto di questa formazione. I pareri sono divergenti e le sensibilità sono su queste questioni a fior di pelle. Bisogna restare prudenti e rispettare le tappe con un dibattito chiaro sugli obiettivi.

Tariq Ramadan non fa qui che enunciare il rifiuto espresso dai musulmani di imparare le religioni degli altri, mentre i corsi imposti ai cristiani nei Paesi musulmani sono pieni di elementi religiosi musulmani.

Il problema con l'Islam è che include insegnamenti violenti che discriminano donne e non musulmani. La Svizzera ha scoperto con orrore la storia di Majd che, all'età di tre anni, ha dovuto imparare il Corano per due ore al giorno attraverso la sua madre rifugiata politica, che è finita nelle file dei movimenti terroristici. La famiglia vive dell'aiuto sociale, che considera denaro "rubato ai musulmani". Questo argomento è spesso usato da musulmani che vivano con l'aiuto sociale in Occidente.

2) Segni religiosi distintivi

Norme svizzere

In Svizzera, ciascuno ha il diritto di esibire dei segni religiosi per differenziarsi e di vestirsi come preferisce a patto di non urtare il pudore pubblico, nozione peraltro flessibile. Ciò non ha impedito le autorità di pronunciarsi su certi litigi. L'obiettivo principale è impedire che i segni religiosi violino la neutralità dell'insegnamento, specialmente nelle scuole primarie. A una insegnante musulmana in una scuola pubblica nel Cantone di Ginevra è stato vietato d'indossare il velo. Questo caso riguarda una cittadina svizzera che è diventata musulmana ed si è sposata con un cittadino algerino. Il 23 agosto 1996, la direzione generale dell'istruzione elementare ha proibito all'insegnante di indossare il velo nell'espletamento delle sue attività e responsabilità professionali. L'insegnante ha presentato ricorso contro tale decisione presso il Consiglio di Stato di Ginevra il 26 agosto 1996, il quale ha respinto il ricorso con l'ordinanza del 16 ottobre 1996, decisione confermata dal Tribunale federale, e dalla Corte europea dei diritti dell'uomo con la sua decisione del 15 febbraio 2001. C'è anche la questione della sicurezza. Alcune persone possono travestirsi per commettere un reato. Facciamo notare che un milionario algerino si è offerto volontario per pagare le multe inflitte alle donne che indossano il *niqab*, in Francia, Belgio e Svizzera, Paesi che non agiscono contro di lui. Ciò costituisce un incentivo a violare le leggi.

Norme musulmane

Le norme musulmane sull'abbigliamento ubbidiscono a due considerazioni religiose: la proibizione di assomigliare ai miscredenti e le restrizioni prescritte in materia di pudore.

La proibizione di assomigliare ai miscredenti si basa su un racconto di Maometto che afferma: "Quello che somiglia a un gruppo ne fa parte". Si citano anche i seguenti due versetti coranici:

> Questa è la mia retta via, seguitela. Non seguite i sentieri, che vi dividerebbero allora dal suo sentiero (E-55/6:153).

> Non siate come quelli che hanno dimenticato Dio, ed egli ha fatto loro dimenticare se stessi. Quelli sono i prevaricatori (E-101/59:19).

Concernente il pudore, a partire dal Corano e dai racconti di Maometto, i giuristi classici hanno concluso che certe parti del corpo umano sono *'awrah* (litt.: cieche di un occhio, difettose, ripugnanti) o *saw'ah* (litt.: cattive, brutte). È vietato esporle o guardarle. Lo scopo di questa proibizione è di innalzare barriere alla tentazione della dissolutezza. Il diritto musulmano prevede delle norme più rigorose al riguardo delle donne, essendo esse percepite come oggetto di tentazione suprema. L'applicazione di questa norma differisce da un Paese all'altro, dal porto di un semplice foulard sulla testa al velo integrale e alla burqa. Tuttavia numerose musulmane restano senza velo (vedere il mio libro: *Le voile dans l'islam* https://goo.gl/wKuTnW).

3) Promiscuità

Norme svizzere

La scuola pubblica in Svizzera è mista, dalle classi primarie fino all'università, nei trasporti pubblici, nello sport ed nelle escursioni scolastiche. Non ci sono intoccabili a causa dell'affiliazione religiosa o del sesso. L'usanza è che uomini e donne si danno la mano per salutarsi e talvolta si baciano, anche se le differenze culturali tra cittadini e contadini sono evidenti.

L'articolo 68 della Costituzione afferma al par. 1 che la Confederazione promuove lo sport, in particolare l'educazione sportiva (par. 1), et "può emanare prescrizioni sullo sport giovanile e dichiarare obbligatorio l'insegnamento dello sport nelle scuole" (par. 3).

Norme musulmane

Il diritto musulmano ha stabilito delle norme che vietano la promiscuità tra uomini e donne. Questa proibizione si estende alle scuole, e talvolta alle università in un Paese come l'Arabia saudita. L'università egiziana statale, contrariamente all'università dell'Azhar, permette la promiscuità, ma è criticata dagli ambienti musulmani e capita che gli islamisti impongano la separazione tra le studentesse e gli studenti nelle sale dei corsi.

La proibizione della promiscuità influenza le attività sportive, particolarmente il nuoto, perché gli uomini e le donne espongono parti del loro corpo che l'altro sesso ha la proibizione di guardare. Si evidenzia a questo riguardo che l'Iran organizza unicamente delle competizioni sportive riservate alle donne. Queste regole non sono rispettate ovunque, soprattutto sulle spiagge, ciò non manca di provocare la collera degli ambienti islamici.

La stampa riporta diversi incidenti in Paesi occidentali, tra cui la Svizzera, che coinvolgono genitori musulmani che si rifiutano di far partecipare le loro figlie ad escursioni miste consentendo loro solamente attività scolastiche obbligatorie. Ci sono stati diversi casi legati al nuoto. I gruppi musulmani rivendicano piscine separate. La municipalità di Losanna non ha concesso il patriziato comunale e la naturalizzazione a una coppia che si è rifiutata di stringere la mano alle controparti del sesso opposto e si è rifiutata di rispondere alle domande di persone di sesso diverso. Per la maggior parte della commissione, questo atteggiamento non rispetta "un principio fondamentale della nostra Costituzione e un pilastro della nostra società, ossia l'uguaglianza tra uomini e donne".

4) Contenuto dei corsi

Norme svizzere

La Costituzione svizzera afferma il principio della neutralità dei corsi. Le classi non dovrebbero essere utilizzate come mezzo per fare proselitismo o obbedire a considerazioni religiose.

Norme musulmane

Anche se i musulmani hanno contribuito largamente al progresso delle discipline scientifiche e della filosofia, come in Occidente, si è sempre osservato un conflitto tra gli ambienti religiosi e scientifici. Basti qui ricordare Galileo (morto nel 1642) a cui la Chiesa ha vietato nel 1633 di insegnare la teoria della rotazione della Terra intorno al Sole. Lo stesso problema si è posto dai musulmani nella nostra epoca. Ibn-Baz (morto nel 1999), la più alta autorità religiosa saudita, ha ripetuto che la teoria della rotazione della Terra intorno al Sole contraddice il Corano. Chi la professa merita di essere messo a morte per apostasia.

Altri argomenti hanno incontrato delle reticenze tanto dai cristiani quanto dai musulmani. È il caso particolarmente della teoria evoluzionistica di Darwin che gli integralisti cristiani e musulmani vorrebbero bandire della scuola. Ambienti islamisti richiedono anche di gettare gli scritti di filosofi musulmani ad esempio Averroè. Abbiamo anche visto che ai musulmani è proibito leggere libri di altre religioni.

Il problema del contenuto dei corsi non si è ancora posto in modo esplicito. Tuttavia si segnala qui una polemica concernente Tariq Ramadan che ha scritto in un libro:

> I corsi di biologia possono contenere degli insegnamenti che non sono in accordo con i principi dell'islam. Ne è del resto parimenti dei corsi di storia o di filosofia. Non si tratta di volerne essere dispensato. Bene piuttosto, conviene offrire ai giovani, in confronto, dei corsi di formazione che permettono loro di conoscere quali sono le risposte dell'islam ai problemi abbordati in questi differenti corsi. Sarà un vero fattore di arricchimento.

Si segnala qui che in Francia, l'Alto consiglio all'integrazione considera il contenuto dei corsi tra i principi intangibili e che "non sarebbe tollerabile che gli alunni o i genitori mettano in discussione, in nome di una credenza religiosa, tale o tale parte dei programmi concernente la biologia, la letteratura, la filosofia, il disegno o globalmente l'educazione fisica".

Capitolo VII
Divieti alimentari e macellazione rituale

1) Diritti degli animali

Norme svizzere

La Costituzione svizzera dedica l'articolo 80 agli animali:

1) La Confederazione emana prescrizioni sulla protezione degli animali.

2) Disciplina in particolare:

a. la detenzione e la cura di animali;

b. gli esperimenti e gli interventi su animali vivi;

c. l'utilizzazione di animali;

d. l'importazione di animali e di prodotti animali;

e. il commercio e il trasporto di animali;

f. l'uccisione di animali.

3) L'esecuzione delle prescrizioni compete ai Cantoni, per quanto la legge non la riservi alla Confederazione.

La Legge federale sulla protezione degli animali del 2005 è tra le leggi più severe. Il suo scopo è di tutelare la dignità e il benessere degli animali (articolo 1). Precisa che "nessuno ha il diritto di infliggere ingiustificatamente dolori, sofferenze o lesioni a un animale, porlo in stato d'ansietà o ledere in altro modo la sua dignità. È vietato maltrattare e trascurare gli animali o affaticarli inutilmente" (articolo 4, par. 2). Gli standard per la macellazione degli animali tendono a garantire che questi principi siano rispettati. Su questo tema torneremo in seguito.

A differenza del diritto ebraico e del diritto musulmano, il diritto svizzero non riconosce la nozione di animali puri e di animali impuri. Inoltre non conosce la nozione di vacca sacra come nell'induismo e non vieta il massacro degli animali come nel giainismo.

Norme musulmane

Chi visita alcuni Paesi musulmani, per non parlare di tutti i Paesi musulmani, rimane scioccato dall'abuso di animali. Qual è l'influenza delle norme musulmane in questo settore?

Il Corano ha diversi versetti sugli animali, e cinque capitoli recano il titolo di nomi di animali: la mucca, l'elefante, le formiche, il ragno e le api. Dice che formano una nazione come gli umani (M-55/6:38) e si prostrano davanti a Dio (M-70/16:49), e che Dio fornisce sostentamento per ogni animale (M-52/11:6 e M-85/29:60).

Tuttavia, dà un'immagine negativa sia dell'asino che del cane.

> Quelli a cui si è fatto portare la Torah, poi non la portano, somigliano all'asino caricato di libri. Che detestabile somiglianza quella della gente che ha smentito i segni di Dio! Dio non dirige la gente oppressiva (E-110/62:5).

> Sii moderato nel tuo cammino, ed abbassa la voce. La più ripugnante delle voci è la voce degli asini (M-57/31:19).

> Se avessimo voluto, l'avremmo alzato per essi. Ma si eternò nella terra e seguì il suo desiderio. Somiglia ad un cane. Se vai contro di lui ansima, o se lo lasci ansima. Ecco la somiglianza della gente che ha smentito i nostri segni. Narra la narrazione. Forse rifletteranno! Che malefica somiglianza quella della gente che ha smentito i nostri segni e che si è oppressa da se stessa! (M-39/7:176-177)

Questa immagine negativa del cane e dell'asino viene trasmessa nel linguaggio corrente. Il loro nome è usato come insulto e entra in paragoni peggiorativi sotto forma di proverbi. Maometto avrebbe detto a questo proposito: "Non mettere le perle nella bocca di un cane", che ricorda la parola di Cristo: "Non gettare le tue perle davanti ai maiali" (Matteo 7:6). Avrebbe detto: "Tre interrompono la preghiera: la donna, l'asino e il cane". Diversi racconti di Maometto chiedono di uccidere alcuni cani e dicono che gli angeli non entrano nelle case in cui essi si trovano. Avrebbe anche detto: "Chi tiene in casa un cane vede il compenso giornaliero delle sue buone azioni diminuite da un *qirat*, tranne un cane da caccia o per tenere le greggi e i campi". Racconti ordinano di uccidere anche serpenti, corvi, ratti e lucertole.

Questi racconti spiegano, almeno in parte, l'ostilità di alcuni musulmani nei confronti degli animali, in particolare i cani, che è alla base dei conflitti delle coppie miste. Il marito musulmano rifiuta che la moglie abbia un cane a casa. Quest'ostilità va ancora oltre. Autisti di autobus pubblici e taxi musulmani in diverse città occidentali rifiutano i viaggiatori con i cani. I musulmani hanno anche avvelenato dei cani in Spagna. Ma ci sono anche musulmani che possiedono cani. Essi sfidano il divieto musulmano.

Alcuni animali sono dichiarati commestibili, altri non lo sono per vari motivi, inclusa l'impurità; ne parleremo nel prossimo punto.

2) Divieti alimentari

Norme svizzere

La maggior parte degli svizzeri mangia carne e beve alcolici. Ci sono anche vegetariani e vegani, oltre a persone che non bevono vino, ma non sono musulmani. Le norme svizzere non proibiscono né l'uno né l'altro. Non ci sono norme che vietano il consumo di una particolare categoria di animali. Nel 2014 è stata lanciata una petizione contro la carne di cani e gatti, il cui consumo, anche se ammesso in privato, è vietato in ambito commerciale. D'altra parte, tutti gli animali che non appartengono a una specie che può essere cacciata sono protetti.

La Svizzera è influenzata dalle norme alimentari cristiane che hanno abolito le norme restrittive stabilite dall'Antico Testamento, norme adottate dal Corano. Troviamo un abbozzo di questa abolizione nelle parola di Gesù che ha dichiarato: "Non v'è nulla fuori dell'uomo che entrando in lui possa contaminarlo; ma son le cose che escono dall'uomo quelle che contaminano l'uomo", vale a dire "i disegni malvagi". E Marco ha commentato: "Così dicendo, dichiarava pure puri tutti quanti i cibi" (Marco 7:15, 19-22). San Paolo scrive nella sua prima lettera ai Corinzi: "Mangiate di tutto quello che si vende al macello senza fare inchieste" (I Cor 10:25). Nella sua epistola ai Romani, scrive: "Nessuna cosa è impura in se stessa; però se uno stima che una cosa è impura, per lui è impura ... il regno di Dio non consiste in vivanda né in bevanda, ma è giustizia, pace ed allegrezza nello Spirito Santo"(Rom 14: 14 e 17).

Norme musulmane

Le norme musulmane riflettono in parte le norme ebraiche che riassumiamo qui. Solo i mammiferi ruminanti con l'unghia spartita e il loro latte (Dt 14: 6) e gli animali acquatici con pinne e scaglie (Lv 11: 9-12) sono considerati puri. Gli uccelli sono puri tranne che per 24 specie considerate impure (Lv 11: 13-19 e Dt 14: 12-18). Altre specie come roditori, rettili, anfibi, insetti e invertebrati sono impure, con l'eccezione di quattro tipi di cavallette (Lv 11:22). Gli alcolici a base di vino e alcoli come il cognac sono prodotti puri e possono essere consumati se sono fatti sotto il controllo di un rabbino e non sono gestiti da un non ebreo. Sono vietati gli animali e il vino dedicati ad un'idolatria, il sangue (Dt 24:23), così come i mammiferi e gli uccelli morti per cause naturali o uccisi non ritualmente. È vietato mescolare la carne (e i suoi derivati) con il latte (e i suoi derivati).

I musulmani non conoscono la distinzione tra mammiferi ruminanti con l'unghia spartita e gli altri. Come gli ebrei, impediscono il maiale (M-55/6: 145; M-70/16:115; E-87/2:173; E-112/5:3) ed carne equina (cavallo, mulo e asino: M-70/16:8), e consentono le pecore, i bovini e i cammelli (quest'ultimi sono vietati per gli ebrei poiché non hanno l'unghia spartita) (M-41/36: 71-73; M -55/6: 143, M-70/16: 5). Secondo la visione prevalente, è proibita la carne di qualsiasi animale con canini utilizzati per attaccare altri animali come il leone, la tigre o il lupo. Il topo è vietato, mentre l'istrice e il riccio sono ammessi secondo l'opinione prevalente. Il coniglio, proibito tra ebrei e sciiti, è legale tra i sunniti. L'opinione dominante vieta di mangiare uccelli rapaci con artigli e pipistrelli. Il Corano permette di mangiare animali acquatici (M-43/35: 12, M-70/16: 14, E-112/5: 96). L'opinione prevalente tra gli sciiti segue la classificazione biblica, consentendo solo agli animali acquatici che hanno scaglie, credendo che tutti gli animali con le squame abbiano le pinne. Se l'animale acquatico non è un pesce o non sembra un pesce, i Hanafiti lo vietano mentre altri lo permettono se non espressamente escluso (come la rana), o escluso a causa della sua natura velenosa (come l'anguilla), della sua aggressività (come il coccodrillo), o della sua sporcizia (come la tartaruga marina). E se un animale vive in parte nell'acqua e in una parte sulla terra, deve essere macellato in modo che diventi lecito. Alcuni giuristi proibiscono di mangiare un animale acquatico che assomigli ad un animale terrestre proibito. Questo è il caso del delfino (chiamato maiale marino), dello squalo (chiamato cane marino) e dell'anguilla (chiamata serpente di mare). Sebbene la caccia sia consentita, il Corano proibisce la caccia della selvaggina durante il periodo di pellegrinaggio (E-112/5: 2 e 95-94).

È proibito mangiare la carne di un animale morto e di ciò che è stato consacrato a chiunque tranne che ad Allah (M-55/6:145, M-70/16:115; E-87/2:173, E-112/5:3). Il versetto E-112/5:3 precisa: "La bestia strangolata, picchiata a morte, sciupata, incornata e mangiata da una fiera tranne ciò macellato vivo". Muhammad ordinò di uccidere alcuni animali come il serpente, il corvo, il topo, il cane attaccante e il *dab* (tipo di lucertola), e proibì di ucciderne altri come la rana, la formica, l'ape, l'upupa, l'averla, la pernice ed il pipistrello. Queste due categorie non possono essere mangiate. Ma alcuni giuristi dicono che ciò che può essere ucciso dovrebbe essere commestibile. Il Corano proibisce di nutrirsi di sangue (M-55/6:145; M-70/16:115; E-87/2:173; E-112/5:3).

Soni leciti le bevande e il latte di animali considerati puri, ma sono esclusi il vino e le bevande alcoliche che ne derivano (E-87/2:219; E-92/4:43; E-112/5:9). Il divieto al consumo di alcol si estende anche alla droga nella misura in cui essa ha lo stesso oppure un maggiore effetto dell'alcol.

Da quanto precede, si può vedere che ebrei e musulmani hanno divieti in comune, compreso il divieto di consumo di carne di maiale, e che divergono su altri, in particolare per quanto riguarda l'alcol. D'altra parte, entrambi richiedono la macellazione rituale, che sarà discussa nel prossimo punto.

In termini di divieti alimentari, due sono spesso menzionati: carne di maiale e vino, oltre alla carne *halal*.

Certamente, non si può obbligare un musulmano a bere vino e a consumare carne suina, ma questo divieto può avere conseguenze sul posto di lavoro, nelle mense scolastiche e nei ristoranti. Impiegati musulmani nei negozi o nei ristoranti rifiutano di lavorare sugli scaffali in cui questi due prodotti vengono venduti o serviti. Alcuni si rifiutano di sedere a un tavolo dove vengono serviti vino e maiale.

3) Macellazione rituale

Norme svizzere

Il 20 agosto 1893 fu adottato in Svizzera l'articolo costituzionale 25*bis* che enuncia: "È vietato espressamente ammazzare gli animali senza averli prima storditi. Questa disposizione si applica a ogni tipo di uccisione ea ogni specie di bestiame."

La proibizione della sgozzatura senza stordimento preliminare fu mantenuta dalla legge sulla protezione degli animali del 9 marzo 1978, eccezione fatta per il pollame. Fu riaffermata dall'ordinanza del 27 mai 1981, ordinanza modificata il 14 maggio 1997.

La dottrina in Svizzera ha sostenuto generalmente l'idea che la proibizione della sgozzatura senza stordimento preliminare è un attentato alla libertà religiosa degli ebrei e dei musulmani di cui le norme esigerebbero, secondo essi, che l'animale non sia stordito prima di essere sgozzato. Certi vedono una manifestazione di antisemitismo.

Il Consiglio federale ha rimesso in questione la proibizione di sgozzare gli animali senza stordimento preliminare, nel progetto di legge sulla protezione degli animali sottomesso a consultazione il 21 settembre 2001. Questo ha suscitato una viva opposizione, obbligando il Consiglio federale a modificare il suo progetto preliminare, mantenendo il divieto di macellazione prima dello stordimento. L'articolo 21 della legge federale sulla protezione degli animali adottata dal Parlamento il 16 dicembre 2005, entrata in vigore il primo settembre 2008, dispone oramai:

1) I mammiferi possono essere macellati soltanto se sono stati storditi prima del dissanguamento.
2) Il Consiglio federale può assoggettare all'obbligo dello stordimento anche la macellazione di altri animali.

Sollecitato ad esprimere la sua opinione, l'Istituto svizzero di diritto comparato ha concluso nei suoi due pareri 01-150 e 01-162 (rispettivamente del 18 e 19 dicembre 2001) quanto segue:

> La Svizzera, esigendo lo stordimento degli animali prima della sgozzatura, non entra in conflitto con le norme religiose ebraiche o musulmane, se lo stordimento non provoca la morte dell'animale (questo vale sia per gli ebrei che per i musulmani), e non ferisce l'animale (questo vale per gli ebrei).

Questi due pareri, di cui sono l'autore, hanno certamente contribuito alla modificazione del Progetto federale, invalidando il postulato sullo quale si basava. Gli argomenti presentati dall'Istituto sono indicati nel punto seguente.

Norme ebraiche e musulmane

Il diritto ebraico ha due fonti: la Bibbia e il Talmud. Il diritto musulmano ha anche due fonti: il Corano e la Sunnah (tradizione di Maometto). Queste fonti non comportano regole costrittive che prescrivono l'abbattimento senza stordimento o vietano la consumazione di carne generata da animali che sono stati storditi prima della sgozzatura. Ciò si spiega per il fatto che lo stordimento è un procedimento tardivo legato all'evoluzione dei costumi, particolarmente in ciò che riguarda il rispetto dovuto all'animale e alla preoccupazione di non causargli una sofferenza inutile. Le autorità religiose ebraiche e musulmane discutono tuttavia dello stordimento a partire da tre norme indirette, e cioè: la proibizione di consumare il sangue; come pure di mangiare la carne di un animale morto o straziato; ed il rispetto dell'animale. Vediamo queste norme.

La Bibbia vieta la consumazione del sangue (Genesi 9:4; Levitico 17:12-14 e Deuteronomio 12:23-24). Questo divieto è previsto anche dal Nuovo Testamento (Atti degli apostoli 15:20 e 29) e dal Corano (M-55/6:145; M-70/16:115; E-87/2:173; E-112/5:3). In virtù di questo impedimento, l'animale deve essere svuotato del suo sangue dopo essere stato sgozzato, eccetto il pesce.

La proibizione della consumazione del sangue è uno degli argomenti utilizzati dalle autorità federali nel progetto per giustificare l'abolizione del divieto della sgozzatura senza stordimento. Se difatti lo stordimento dell'animale impedisce lo scolo del sangue, si può considerare lo stordimento come contrario alle norme religiose ebraiche e musulmane. Tuttavia questo non è dimostrato. Il Dottor Samuel Debrot sostiene anche il contrario.

La Bibbia vieta mangiare della carne di animale morto, straziato da una fiera o avariato (Esodo 22:30; Deuteronomio 14:21; Levitico 17:15-16; Levitico 22:8; Ezechiele 4:14). Per gli ebrei, l'animale deve essere vivente quando è sgozzato. In più, occorre che non sia ferito. E sono da queste due esigenze, che gli ambienti ebrei opposti allo stordimento tirano i loro argomenti.

La proibizione di mangiare della carne di un animale morto, prescritta anche dal Nuovo Testamento (Atti degli apostoli 15:20 e 29) si ritrova nel Corano ai versetti precedentemente citati. I giuristi musulmani considerano che finché l'animale da segno di vita, possa essere sgozzato e la sua carne è da considerare come lecita; sgozzandolo, lo si purifica. La selvaggina morta durante la caccia è lecita, anche se non è stata sgozzata, salvo se l'opportunità di sgozzarla si è presentata, ma non è stata colta (E-112/5:4). Parecchie fatwa musulmane affermano che lo stordimento dell'animale non finisce necessariamente con la morte dell'animale. Un autore musulmano va fino a citare un versetto del Corano: "Quando il suo Signore si manifestò alla montagna, l'ha fatta una schiacciatura, e Mosè cadde folgorato" (M-39/7:143). Sebbene folgorato, Mosè non ne è morto. Se dunque lo stordimento dell'animale non finisce colla sua morte prima che sia sgozzato, è lecito dal punto di vista del diritto musulmano. Delle fonti musulmane evocano l'esperienza della Nuova Zelanda che ricorre all'elettronarcosi. L'animale stordito non sente la sofferenza o lo stress prima di essere sgozzato, e se è lasciato non sgozzato si ristabilisce completamente.

In ciò che riguarda il rispetto dell'animale, la consumazione di carne implica la messa a morte dell'animale da cui proviene. Sebbene ogni uccisione sia crudele, questa crudeltà può avere differenti gradi, e conviene ridurre questa crudeltà al minimo, e non fare soffrire inutilmente l'animale. Ebbene, ebrei e musulmani sono d'accordo nel sostenere che l'animale non debba soffrire inutilmente.

Le autorità religiose ebree che si oppongono allo stordimento preliminare dell'animale considerano che il metodo ebraico attualmente usato per sgozzare gli animali sia il più appropriato, perché riduce al minimo la sofferenza dell'animale; dicono che lo stordimento provoca solamente una sofferenza inutile e supplementare all'animale. Questo punto di vista ebraico non è condiviso dalle differenti Associazioni per la protezione degli animali, dalla Società dei veterinari svizzeri, dall'Unione svizzera dei maestri-macellai, dal Consiglio federale, dall'Ufficio federale veterinario e dai legislatori dei Paesi occidentali che impongono lo stordimento degli animali prima della sgozzatura, al fine di ridurre la sofferenza dell'animale. Le autorità religiose musulmane favorevoli allo stordimento ammettono che quest'ultimo riduce la sofferenza dell'animale e, di questo fatto, è conforme all'ingiunzione di Maometto: "Dio ha prescritto di essere buoni. Se uccidete, fatelo con bontà, e se sgozzate un animale, fatelo con bontà". Perciò, queste autorità non si oppongono allo stordimento dell'animale, purché lo stordimento non provochi la morte dell'animale, prima che venga sgozzato.

Un'osservazione qui s'impone. I professori di diritto e il Consiglio federale invocano il rispetto della libertà religiosa delle minoranze ebree e musulmane per abolire l'obbligo dello stordimento nonostante l'assenza di regole religiose ebraiche o musulmane limitanti, in merito. È tuttavia un aspetto di cui bisogna anche tenere conto, quello della libertà di convinzione della maggioranza opposta alla sgozzatura senza stordimento. C'è da dire che gli ebrei non mangiano sempre e totalmente gli animali abbattuti. Questo per due ragioni: da una parte, gli animali sgozzati possono essere dichiarati come non *casher* dopo la sgozzatura; d'altra, gli ebrei non mangiano la parte inferiore, a causa della proibizione di consumare il nervo sciatico (Genesi 32:33) che è difficile e costoso a togliere interamente. La carne degli animali abbattuti senza stordimento, e classificata come inconsumabile per gli ebrei, è venduta sul mercato, generalmente senza indicazione. Se i professori di diritto e il Consiglio federale si preoccupano di rispettare le convinzioni religiose delle minoranze ebree o musulmane, in materia di sgozzatura, nonostante l'assenza di regole religiose ebraiche o musulmane limitanti, in merito, dovrebbero a maggior ragione preoccuparsi di rispettare le convinzioni della maggioranza che rifiuta la sgozzatura senza stordimento, e che richiede che gli imballaggi di vendita della carne indichino il modo in cui l'animale è stato sgozzato.

Per finire, si può dire che lo stordimento degli animali prima della sgozzatura non va contro nessuna norma ebraica o musulmana. La battaglia degli ebrei, dei musulmani e del Consiglio federale che mirano ad autorizzare l'abbattimento rituale, nasconde in realtà uno scopo economico. Gli ebrei e i musulmani vogliono fare della carne *casher* e *halal* un marchio per attirare i clienti e un mezzo per guadagnare denaro. Un autore segnala che *l'Associazione concistoriale israelita* di Parigi ha un bilancio annuo dell'ordine di 150 milioni franchi francesi. Dal "diritto del coltello" proviene circa la metà. Moltiplicano le norme per moltiplicare le leve di comando e le tasse. Per ciò che riguarda il Consiglio federale, sopprimendo la proibizione della macellazione rituale, cercava di esportare la carne svizzera verso i Paesi musulmani al posto di importare la carne della Francia vicina per nutrire gli ebrei e i musulmani in Svizzera. In quanto alla posizione dei professori contro il divieto della macellazione rituale, è motivata semplicemente dalla loro ignoranza delle norme tanto ebraiche che musulmane.

Capitolo VIII
Cimiteri

Si considera che tra 90 e 95% dei musulmani deceduti in Svizzera sono rimpatriati nei loro Paesi di origine, per un costo potendo raggiungere fino a 15'000.- Sfr. Perché un tale rimpatrio? Dei musulmani rispondono che la Svizzera non accorda loro il diritto di farsi seppellire secondo le loro norme. Quali sono queste norme?

1) Separazione dei morti

Norme svizzere

Per mettere fine al conflitto tra cattolici e protestanti, l'articolo 53 par. 2 della Costituzione del 1874 stipulava: "Il diritto di disporre dei luoghi di sepoltura spetta alle autorità civili. Queste provvederanno a che ogni defunto possa essere convenientemente inumato".

In un'interpretazione dell'articolo 53 par. 2 nel 1875, il Consiglio federale affermava semplicemente il principio della decenza, permettendo che i Comuni possano decidere sulla presenza di cimiteri separati o in condivisione tra le differenti comunità, per paura di offendere il pubblico. Non vedeva la necessità di fare una legge unica. Tuttavia molto rapidamente si è indirizzato verso l'unificazione dei cimiteri, al punto di presentare un progetto visionario nel 1880 mirando a mettere fine alla separazione nei cimiteri nei dieci anni successivi. Ma il Consiglio federale rinunciò lasciando che il tempo rimediasse a questo problema. Questo è stato realizzato per cattolici, protestanti e altri gruppi religiosi, ma ebrei e musulmani rifiutano la convivenza tra i morti. Esamineremo solo le norme musulmane (per altri sviluppi, vedere il mio libro: *Cimetière musulman en Occident: normes juives, chrétiennes et musulmanes* https://goo.gl/84g4Lk).

La disposizione dell'articolo 53 par. 2 della Costituzione del 1874 è purtroppo scomparsa dalla Costituzione del 2000. Il messaggio del Consiglio federale giustifica quest'omissione perché il diritto a una sepoltura decente è coperto dall'articolo 7 che stipula: "La dignità della persona va rispettata e protetta".

Norme musulmane

Il diritto musulmano indica che tra i morti deve esistere la stessa divisione che tra i vivi. I musulmani devono essere seppelliti in un cimitero che è a loro dedicato, ed è vietato seppellire un miscredente con essi. Secondo Maometto, il morto subisce il castigo o gode già della felicità nella tomba. Per questo fatto, bisogna evitare di mettere un credente vicino a un miscredente affinché non soffra a causa del suo vicino. Concernente i musulmani che soggiornano in Terra di miscredenza, dopo un lungo dibattito, l'*Accademia del diritto musulmano* che dipende dall'*Organizzazione della conferenza musulmana* ha deciso che la sepoltura nel cimitero dei miscredenti è possibile solamente in caso di necessità.

Il problema riappare periodicamente, in particolare a causa dei musulmani che richiedono dei cimiteri o almeno dei quadrati separati, invocando l'eccezione fatta agli ebrei in certi Comuni come pure la libertà religiosa e il diritto a una conveniente inumazione, evitando accuratamente di indicare le ragioni profonde, discriminatorie che motivano una tale domanda, a sapere il rifiuto di ritrovarsi vicino a un miscredente. Parecchi Cantoni sono stati confrontati già a questo problema tra cui Ginevra, Berna, Basilea-città e Zurigo.

Ricordiamo qui che il Corano proibisce di pregare per i non credenti morti e di essere presenti ai loro funerali: "Non pregare mai su alcun morto di loro, e non sostare presso la sua tomba. Hanno miscreduto in Dio e nel suo inviato, e sono morti mentre sono prevaricatori" (E-113/9:84); "Non apparteneva al Profeta ed a quelli che hanno creduto di chiedere perdono per gli associatori, anche se fossero parenti, dopo che è stato evidenziato loro, che sono la gente della Gehenna" (E-113/9:113). I leader religiosi musulmani a Bruxelles hanno rifiutato di prendere parte a una cerimonia in onore delle vittime degli attacchi a causa del fatto che i non credenti ne facevano parte.

2) Direzione della tomba

Norme svizzere

Quando le fosse sono scavate le une di seguito alle altre, secondo un ordine prefissato, la norma musulmana pone il problema in quanto all'ordine da rispettare nei cimiteri. I Cantoni e i Comuni hanno il diritto, addirittura il dovere, di prescrivere un tale ordine. Ne va della decenza della sepoltura. D'altra parte, siccome i morti sono seppelliti senza distinzione di religione, modificare l'orientamento della tomba di un musulmano in una linea, oltre la disarmonia generata nel cimitero, costituisce una distinzione tra i morti sulla base della religione.

Norme musulmane

All'inizio, Maometto si girava nella sua preghiera verso Gerusalemme come lo fanno gli ebrei. Sedici mesi dopo il suo arrivo a Medina, decise di sostituire la direzione di Gerusalemme con quella della Kaaba, alla Mecca, per smarcarsi degli ebrei. I musulmani credono che la Kaaba fu costruita da Abramo come santuario per il culto di Dio. Costituisce l'oggetto più sacro dai musulmani dopo il Corano.

Nel promemoria della *Fondazione dei cimiteri musulmani svizzeri*, è notato che le tombe devono essere orientate secondo l'asse 40°-220°, e che il corpo deve essere steso sul lato destro in modo tale che il viso sia orientato a 130° (direzione della Mecca).

Anche se un Comune deroga all'ordine nel cimitero per avere delle tombe dirette verso la Kaaba, come auspicato dai musulmani, o se la direzione delle tombe corrisponde alla direzione della Kaaba, i musulmani non accettano di farsi seppellire vicino a un miscredente.

3) Permanenza delle tombe

Norme svizzere

Le tombe vengono smantellate dopo un certo periodo di tempo per lasciare il posto ad altri morti. Si ammette però l'acquisto di una concessione per una durata più lunga.

Norme musulmane

Il Corano non dice niente concernente la permanenza e lo smantellamento delle tombe. Si riporta tuttavia che Maometto aveva smantellate delle tombe di politeisti per costruire la sua moschea a Medina. Alcuni racconti di Maometto incitano al rispetto delle tombe. Così avrebbe vietato camminare con le scarpe di cuoio tra le tombe. Avrebbe anche detto: "Rompere le ossa di un morto è come rompere le ossa di un vivente"; "Quello che si siede su una tomba, è come quello che si siede su un braciere".

Con l'espansione dell'urbanizzazione, i Paesi musulmani si sono chiesti se era possibile smantellare le tombe. Parecchie fatwas sono state emesse a riguardo, accettando la riutilizzazione delle tombe e lo smantellamento totale dei cimiteri per farne un campo agricolo, per costruirci degli edifici o per farne delle strade.

Uno scritto della *Fondazione culturale musulmana* indica: "È vietato rigorosamente dissotterrare un morto senza una ragione imperiosa, come per esempio se il bagno del defunto non è stato fatto o se non ha sudario". Il promemoria della *Fondazione dei cimiteri musulmani svizzeri* dice: "L'esumazione è esclusa; in modo tale che è necessario acquistare una concessione perpetua". I musulmani hanno finito per cedere sulla condizione della concessione perpetua a Berna e a Basilea-città. Le tombe musulmane, come tutte le tombe in linea, possono essere riutilizzate dopo vent'anni, senza rimozione delle ossa. Tuttavia questa riutilizzazione è limitata ai musulmani poiché i musulmani rifiutano di essere sepolti con "miscredenti".

4) Incenerimento

Norme svizzere

All'epoca della redazione della Costituzione del 1874, la questione dell'incenerimento non è stata evocata. A causa di ciò, l'articolo 53 par. 2 della Costituzione del 1874 parla solamente del diritto di essere convenientemente inumato. L'incenerimento è praticato alla domanda del defunto o dei suoi parenti; la volontà del defunto predomina su quella dei parenti. La comunità religiosa del defunto non ha il diritto di intervenire per vietare un incenerimento perché quest'ultimo non può essere considerato come indecente.

Norme musulmane

Il Corano menziona la sepoltura dei morti (M-45/20:55; E-112/5:31). Si trovano peraltro dei racconti secondo cui Maometto avrebbe vietato uccidere col fuoco. Un racconto di Maometto mira a dimostrare che Dio è capace di risuscitare l'uomo, anche se è incenerito e le sue ceneri disperse dal vento. Non comporta nessuna disapprovazione dell'incenerimento. In certi Paesi arabi, esistono dei crematori per coloro le cui norme religiose permettono l'incenerimento. È il caso in Egitto. Certo, l'incenerimento non è un uso tra i musulmani, ma il Corano permette un cambiamento in questo campo poiché vieta di sprecare inutilmente il denaro (E-50/17:26) e di danneggiare la natura (E-87/2:60). Del resto, certi musulmani ricorrono già all'incenerimento in Occidente, in particolare tra coloro che sono sposati con delle non musulmane.

Il promemoria della *Fondazione dei cimiteri musulmani svizzeri* indica: "L'incenerimento è assolutamente vietato".

Segnaliamo qui che la città di Berna, concedendo alla comunità musulmana un quadrato separato nel cimitero pubblico, le ha fatto la promessa che non si porrà all'avvenire in questo quadrato ceneri o urne che contengono delle ceneri. Ciò significa che l'incenerimento è considerato una sepoltura indecente e che il Comune dà ai responsabili della comunità musulmana la possibilità di costringere i musulmani a rinunciare all'incenerimento sotto pena di vedersi vietare la sepoltura nel quadrato musulmano. Si tratta lì per lì di una violazione alla libertà religiosa dichiarata nella Costituzione. Ci sono stati anche problemi con l'opposizione delle comunità musulmane all'incenerimento, anche quando è stato fatto su richiesta del defunto. La vedova di un musulmano morto a Losanna, a causa delle pressione esercitata nei suoi confronti, ha rinunciato ad andare in tribunale. Non voleva combattere intorno al corpo di suo marito. Questo caso ha lasciato un segno di amarezza tra molti cristiani che hanno visto confermata la loro idea che i musulmani non sono capaci o non vogliono integrarsi.

Per finire con la questione dei cimiteri, si può dire che solo il primo argomento (rifiuto di essere seppellito vicino a un miscredente) potrebbe giustificare la concessione di un cimitero o di un quadrato separato riservato esclusivamente ai musulmani. Tuttavia quest'argomento è discriminatorio, e lo Stato non è garante della discriminazione. Consideriamo che le autorità federali debbano riabilitare velocemente il progetto del 1880 per mettere fine a queste pratiche contrarie al buonsenso e al principio dell'uguaglianza tra i viventi e i morti.

Non si può che stupirsi a questo riguardo davanti al sostegno sconsiderato da parte delle Chiese cattolica e protestante e della *Commissione federale contro il razzismo* alla creazione di cimiteri o di quadrati separati. Se si vuole integrare i musulmani su suolo elvetico, bisogna preconizzare la loro integrazione sotto il suolo elvetico. Pensiamo che la Dichiarazione universale dei diritti dell'uomo debba essere applicata tanto tra i viventi che tra i morti.

Capitolo IX
Risposte alle richieste musulmane

Dopo aver confrontato le norme svizzere e le norme musulmane, vedremo in questo capitolo le risposte dei liberali musulmani e quelle attese dagli occidentali alle richieste dei musulmani.

1) Risposte dei liberali musulmani

L'applicazione del diritto musulmano pone problemi ai liberali musulmani. Non soddisfatti di criticare alcune norme musulmane discriminatorie, cercano di attaccarne le radici. Proponiamo di seguito alcuni metodi da loro sostenuti.

A) Taglia il Corano in due

Il Corano, la prima fonte del diritto musulmano, è composto da 86 cosiddetti capitoli rivelati alla Mecca tra il 610 e 622, e 28 capitoli rivelati a Medina tra il 622 e il 632, l'anno della morte di Maometto. Quest'ultimi capitoli contengono le norme legali. Alcuni liberali musulmani credono che il vero Islam sia rappresentato nei capitoli rivelati a Mecca, mentre i capitoli rivelati a Medina riflettono un Islam politico, congiunturale. Sono dell'opinione che i capitoli della Mecca abroghino i capitoli di Medina. Nel fare ciò, svuotano il Corano del suo sostentamento legale. Gli esseri umani trovano così la libertà di legiferare in base ai loro interessi temporali, senza dover sottostare alle norme del Corano. Questa teoria è stata sostenuta dal pensatore sudanese Mahmud Muhammad Taha. Ciò ha causato la sua condanna a morte il 18 gennaio 1985. Per sostenere questa teoria, abbiamo pubblicato un'edizione araba e le traduzioni del Corano in francese, inglese e italiano in ordine cronologico, a differenza delle edizioni correnti che classificano i capitoli in ordine di lunghezza, con alcune eccezioni, rendendo il Corano incomprensibile. Crediamo che i Paesi occidentali dovrebbero bandire sui loro territori il Corano nella sua attuale forma confusa e imporre un Corano in ordine cronologico per aiutare i musulmani ad evolversi.

B) Limitarsi al Corano e respingere la Sunnah

La Sunnah di Muhammad (tradizione di Maometto) è la seconda fonte del diritto musulmano. I circoli liberali credono che siano obbligati solo dal Corano, la parola di Dio e rigettano la Sunnah di Maometto, giudicata di fabbricazione umana ed inaffidabile, essendo stata creata tramite raccolte scritte molto tempo dopo la morte di Maometto. Questa corrente (spesso chiamata coranista) cerca in tal modo di limitare la portata del diritto musulmano. Ad esempio, la pena di morte contro l'apostata e la lapidazione per adulterio non è esplicitamente prevista dal Corano, ma dalla Sunnah di Maometto. I seguaci di questa corrente sono considerati apostati dalle autorità religiose musulmane e uno di loro, Rashad Khalifa, di origine egiziana, è stato assassinato negli Stati Uniti nel 1990 a seguito di una fatwa emessa contro di lui dall'Accademia di giurisprudenza islamica.

C) Ricorrere al criterio dell'interesse

Questa è la teoria del filosofo egiziano Zaki Najib Mahmud (morto nel 1993) secondo cui si dovrebbe prendere dal passato arabo solo ciò che è utile nella nostra società. L'utilità è il criterio sia nella civiltà araba che nella civiltà moderna. Per giudicare ciò che è utile e ciò che non lo è, dobbiamo ricorrere alla ragione, qualunque sia la fonte: rivelazione o non rivelazione. Il che presuppone il rifiuto di ogni santità di cui il passato è coperto.

D) Interpretazione liberale

Il professor Abu-Zayd dell'Università del Cairo ha tentato un'interpretazione liberale del Corano. Un gruppo fondamentalista ha intentato un processo contro di lui per apostasia. Il suo caso arrivò alla Corte di Cassazione, che confermò la sua condanna il 5 agosto 1996 e richiese la separazione tra lui e sua moglie, poiché un apostata non può sposare una donna musulmana. Abu-Zayd e la sua moglie hanno dovuto fuggire dall'Egitto e cercare asilo politico in Olanda per paura di essere uccisi.

E) Metti le norme musulmane nel loro contesto storico

Questo è il metodo proposto dal giurista tunisino e ex-ministro Muhammad Charfi (morto nel 2008) per il quale le norme coraniche riguardano solo il momento in cui sono state stabilite. Pertanto non possono essere applicate in qualsiasi momento e in qualsiasi luogo. Muhammad Ahmad Khalaf-Allah (morto nel 1997) va ancora oltre. Secondo lui, il Corano, dichiarando che Muhammad è l'ultimo dei profeti (E-90/33: 40), concede alla ragione umana la sua libertà e indipendenza in modo che la ragione decida gli affari di questa vita in conformità con l'interesse generale. Crede che Dio ci abbia concesso il diritto di legiferare in campo politico, amministrativo, economico e sociale. Le norme che stabiliamo diventano conformi alla legge musulmana perché emanate da noi per procura di Dio. Queste norme possono essere modificate in base al tempo e allo spazio in modo che realizzino l'interesse generale per una vita migliore.

F) Cosa pensano le autorità religiose?

Le proposte menzionate sopra non sono al gusto delle autorità religiose musulmane che non esitano a descrivere i seguaci del laicismo atei, miscredenti, traditori. Al-Qaradawi, presidente del Consiglio europeo di Fatwa e di ricerche, spiega che il cristiano può essere un laico pur rimanendo un cristiano poiché la religione cristiana non include le norme legali. Questo non è il caso del musulmano la cui religione governa sia i domini spirituali che quelli temporali. Aggiunge:

> Il laico musulmano che rifiuta il principio dell'applicazione del diritto musulmano ha dell'islam soltanto il nome. È un'a-postata senz'alcun dubbio. Deve essere invitato a pentirsi, chiarendogli i punti sui quali ha dei dubbi. Se non si pente, è considerato apostata, privato della sua appartenenza all'i-slam, o per così dire della sua "nazionalità musulmana", è separato dalla moglie e dai figli, e si applicano a lui le norme sugli apostati oppositori in questa vita e dopo la sua morte.

2) Risposte attese dagli occidentali

A) Riconoscere il problema

Pochi pensatori occidentali sono consapevoli del dibattito ideologico sulla concezione musulmana della legge per due ragioni. In primo luogo, hanno dimenticato gli episodi drammatici che hanno preceduto l'attuale secolarizzazione. Godono dei risultati delle lotte delle generazioni passate per separare la Chiesa dallo Stato. Dobbiamo notare che, sebbene molto violenta, queste lotte sono state meno tragiche della lotta che la società musulmana deve probabilmente intraprendere prima di assicurare una separazione, non tra lo Stato e la Chiesa (che non esiste nella società musulmana) ma tra lo Stato e le leggi religiose. Questa è la seconda ragione per l'incoscienza dei pensatori occidentali. Non hanno mai sperimentato una situazione del genere. Spesso ignorano la differenza tra il Vangelo da una parte e il Corano e la Sunnah di Maometto dall'altra. Queste due fonti del diritto musulmano sono normative, a differenza del Vangelo che è principalmente un testo moralista. La legge musulmana, secondo la stragrande maggioranza delle Costituzioni musulmane, è una fonte, se non la principale fonte di diritto. Separare lo Stato dalle leggi religiose significa in realtà abbandonare l'Islam, con le sue conseguenze fatali.

È un dilemma che richiede enormi sforzi di razionalizzazione e libertà di espressione. Queste due condizioni mancano nella società musulmana. Qui il contributo dell'Occidente è prezioso. L'Occidente ha libertà di espressione (anche se incompleta) e ha raggiunto un alto livello di razionalizzazione. I pensatori occidentali dovrebbero analizzare correttamente il concetto di rivelazione ed aiutare i pensatori musulmani a prendere parte a tale analisi. Lo scopo di questo approccio è di creare la precondizione per la nascita di un'età dell'illuminismo nella società musulmana, per il bene dei musulmani e dell'umanità.

B) Formare specialisti

Non si può immaginare uno Stato senza un medico, senza un veterinario, senza un macellaio, senza un fornaio. Allo stesso modo, non si può immaginare che uno Stato, la cui comunità musulmana è visibilmente in aumento, possa ignorare la necessità di formare specialisti nel diritto musulmano per comprendere e dialogare con i musulmani. Ad esempio, nessuna Facoltà di legge in Svizzera offre corsi di diritto musulmano ai suoi studenti. Come possono questi giuristi quindi trattare con i musulmani senza avere alcuna nozione del diritto musulmano? Oltre alla formazione di specialisti nel diritto musulmano, è anche necessario garantire la formazione degli imam in Svizzera e che questa formazione sia conforme al diritto svizzero.

C) Dialogo interreligioso coraggioso

Certi dicono che finché si dialoga, non si fa la guerra. Tuttavia il dialogo interreligioso che non è fondato sulla franchezza e sul rispetto dei diritti dell'uomo resta sterile e costituisce una perdita di tempo. Le Chiese cristiane fanno un cattivo favore ai loro adepti ed ai musulmani adottando un discorso di convenienza e sostenendo le rivendicazioni dei musulmani senza tenere conto dei secondi fini e delle conseguenze, come fu il caso in Svizzera in materia di cimiteri e di macellazione rituale. Basta qui segnalare che i decenni di dialogo interreligioso iniziato dalle Chiese con i musulmani non sono riusciti nemmeno a mettere un termine alla norma discriminatoria musulmana che permette ai musulmani di sposare delle donne non musulmane ma vieta il matrimonio dei non musulmani con le donne musulmane.

Ci occorre dire qui una parola a proposito della *Commissione federale contro il razzismo* che adotta delle posizioni sconsiderate. Questa commissione non manca di criticare, a buon diritto, ogni discriminazione di cui sono vittime i musulmani. Tuttavia non ha mai rilevato le discriminazioni che conseguono di norme musulmane o sono provocate da musulmani in Svizzera. Questo è facilmente dimostrabile attraverso i suoi numerosi scritti pubblicati sul suo sito. Con quest'atteggiamento parziale e poco professionale, questa Commissione attizza la xenofobia al riguardo dei musulmani al posto di combatterla. Non si direbbe che quest'atteggiamento sia dovuto alla sua ignoranza della realtà o alla manipolazione dei membri musulmani di questa Commissione. Uno dei suoi membri di religione musulmana ha sostenuto la proposta di Christian Giordano per l'applicazione in Svizzera del diritto musulmano da tribunali musulmani. È una delle ragioni per cui certi gruppi politici chiedono il suo scioglimento puro e semplice.

D) Misure giuridiche

Sebbene primordiali, il dibattito ideologico e la formazione di specialisti necessitano di molto tempo ed energia, e forse anche molte vite sacrificate. Intanto, le società occidentali devono proteggersi dalle conseguenze della concezione musulmana della legge sui loro sistemi democratici e la loro integrità territoriale. Devono esigere il rispetto delle loro leggi dai musulmani che abitano dentro le loro frontiere e devono essere molto prudenti davanti a ogni domanda di questa comunità che infrange la laicità. Non dovrebbero dare la loro nazionalità a quelli che considerano le loro norme religiose come superiori alle norme dello Stato. Certo, non si può esigere da un musulmano che mangia maiale o che beva vino per beneficiare della naturalizzazione. Tuttavia è giustificato chiedergli il rispetto dei principi fondamentali come la libertà di religione e delle norme che ne conseguono. Bisognerebbe dunque determinare le norme musulmane che entrano in conflitto con le norme occidentali e vedere quali di queste ultime devono essere rispettate dallo straniero.

Questo rigore deve essere osservato anche in ciò che riguarda i richiedenti di asilo politico. La *Convenzione del 1951* relativa allo Status dei *Rifugiati* dice al suo articolo 2: "Ogni rifugiato ha, verso il Paese in cui risiede, doveri che includono separatamente l'obbligo di conformarsi alle leggi e ai regolamenti, come pure alle misure prese per il mantenimento dell'ordine pubblico".

E) Imparare dal caso degli ebrei in Francia

Churchill ha dichiarato: "Un popolo che dimentica la sua storia si condanna a riviverla".

Nei loro rapporti con i musulmani, i Paesi occidentali sono confrontati oggi allo stesso problema che ha conosciuto la Francia nei suoi rapporti con gli ebrei il cui il numero era inferiore a quello dei musulmani d'oggi. È interessante vedere come la Francia ha risolto questo problema..

In questo Paese, la Dichiarazione dei diritti dell'uomo e del cittadino del 26 agosto 1789 afferma: "Tutti i cittadini essendo uguali ai suoi occhi sono ugualmente ammissibili a tutte le dignità, posti e impieghi pubblici secondo la loro capacità, e senza altra distinzione che quella delle loro virtù e dei loro talenti" (articolo 6); "Nessuno deve essere molestato per le sue opinioni, anche religiose, a patto che la manifestazione di esse non turbi l'ordine pubblico stabilito dalla legge" (articolo 10).

Con questa presa di posizione netta, lo Stato rifiuta di etichettare i suoi soggetti con le loro religioni. Sono cittadini ed è ciò che gli importa. Si può dire che la religione è spoliticizzata; non deve immischiarsi della gestione politica della città.

I capi del Partito patriottico, in buoni discepoli dei filosofi, nonostante la loro mancanza di simpatia per il giudaismo, hanno compreso che, finché la religione rimane il criterio di distinzione, nessuna assimilazione e nessuna rigenerazione degli ebrei è possibile. Il Conte di Clermont-Tonnerre lanciò allora la sua famosa formula: "Bisogna tutto rifiutare agli ebrei come nazione e tutto accordare loro come individui; occorre che non facciano nello Stato né un corpo politico, né un ordine; occorre che siano individualmente cittadini".

Il clero cattolico manifestò la sua opposizione contro il cambiamento dello statuto degli ebrei. Era sempre fedele al vecchio anti-giudaismo teologico ereditato dai Padri della chiesa, e alla tesi della riprovazione divina e della maledizione d'Israele.

Napoleone replicò: "Non pretendo di sottrarre alla maledizione di cui è colpita, questa razza che sembra essere stata sola eccettuata del riscatto, ma vorrei metterla fuori stato di propagare il male che devasta l'Alsazia, e che un ebreo non avesse due morali differenti, una nei suoi rapporti con i suoi fratelli, l'altro, nei suoi rapporti con i cristiani". Il suo scopo era di fare di una "popolazione di spie che non è legata per nulla al Paese dei buoni cittadini".

Il 27 settembre 1791, l'assemblea nazionale prese la seguente decisione: "L'assemblea nazionale, considerando che le condizioni necessarie per essere cittadino francese e per diventare cittadino attivo sono fissate dalla Costituzione e che ogni uomo che, riunendo le dette condizioni, presta il giuramento civico e s'impegna a riempire tutti i doveri che la Costituzione impone, ha diritto a tutti i vantaggi che essa assicura; revoca ogni aggiornamento, riserva ed eccezione inseriti nei precedenti decreti a proposito degli individui ebrei che presteranno il giuramento civico che sarà guardato come una rinuncia a ogni privilegio ed eccezione introdotti al loro favore precedentemente".

La seguente tappa si distingue con la sottomissione degli ebrei alle leggi laiche dello Stato. "La nazione ebrea, dice Napoleone, è costituita, da Mosè, usuraia e oppressiva [...]. Non è dunque con le leggi di metafisica che si fa rigenerare gli ebrei". Riunisce un'assemblea di notabili ebrei e il grande Sandrino. Dovevano rispondere a dodici domande. Una sfida fu loro lanciata: "La sua Maestà, dice loro un intermediario chiamato da Napoleone, vuole che siate francesi; tocca a voi accettare un tale titolo e di pensare che questo sarebbe rinunciare che non rendervene degni". Le domande poste erano formulate come segue:

1. È lecito agli ebrei sposare parecchie donne?
2. Il divorzio è permesso dalla legge ebraica? Il divorzio è valido senza che sia pronunciato dai tribunali e in virtù di leggi contraddittorie a quelle del codice francese?
3. Un'ebrea può sposare con un cristiano e una cristiana con un ebreo? O la legge vuole che gli ebrei si sposino solamente tra loro?
4. Agli occhi degli ebrei, i francesi sono dei fratelli o degli stranieri?
5. In l'uno e l'altro caso, quali sono i rapporti che la loro legge prescrive con i francesi che non sono della loro religione?
6. Gli ebrei nati in Francia e trattati dalla legge come cittadini francesi guardano la Francia come la loro patria? Hanno l'obbligo di difenderla? Sono obbligati ad ubbidire alle leggi e di seguire tutte le disposizioni del codice civile?
7. Chi nomina i rabbini?
8. Quale giurisdizione di polizia esercitano i rabbini tra gli ebrei? Quale polizia giudiziale esercitano tra loro?
9. Queste forme di elezione, questa giurisdizione di polizia, sono volute dalla loro legge o solamente consacrate dall'uso?
10. Ci sono delle professioni che la legge degli ebrei proibisce loro?
11. La legge degli ebrei proibisce loro di fare l'usura ai loro fratelli?
12. Proibisce loro o permette loro di fare l'usura agli stranieri?

Coscienti dell'importanza della sfida, gli ebrei riunitisi si affrettarono di rispondere che il giudaismo prescriveva di tenere come legge suprema la legge del principe in materia civile e politica, e che loro stessi si sono sempre sottomessi alle leggi dello Stato. La poligamia era stata abbandonata da tempo ed il divorzio civile riconosciuto. La sola domanda imbarazzante era quella dei matrimoni misti. Dopo una viva discussione, fecero una risposta conciliante ma abile: questi matrimoni non erano assolutamente vietati, ma i rabbini non sarebbero disposti a benedire il matrimonio di una cristiana con un ebreo, o di un'ebrea con un cristiano, non più che i preti cattolici non consentirebbero di benedire tali unioni.

Allegato
Modello di contratto matrimoniale

Questo modello di contratto matrimoniale è rivolto principalmente a coppie miste di cui uno sposo è musulmano, ma può anche essere utile per le coppie in cui entrambi i coniugi sono musulmani. Dovrebbe essere compilato separatamente dai due futuri coniugi, i quali procederanno in seguito al confronto delle loro rispettive risposte. Il testo finale, accettato da entrambi, va da loro sottoscritto dinnanzi ad un notaio che ne conserva una copia. Annullare o modificare le parti che non si adattano al caso di specie.

1) Celebrazione del matrimonio

A seguito di debita riflessione, i sottoscritti

Sig............... Nato il ....
Nazionalità............... Religione...............
Stato civile (celibe, divorziato, vedovo)

e

Sig.ra............... Nata il ....
Nazionalità............... Religione...............
Stato civile (nubile, divorziata, vedova)

hanno convenuto quanto segue:

Il matrimonio sarà celebrato
in Svizzera di fronte all'ufficiale dello stato civile di...............
all'estero (indicare il Paese)...... di fronte a.....................

Il matrimonio civile sarà seguito da una cerimonia religiosa (specificare la cerimonia)...............

o

Il matrimonio civile non è seguito da alcuna cerimonia religiosa.

Il domicilio comune degli sposi sarà (indicare il Paese)...............

La donna conserva la nazionalità svizzera.

Ella conserva il suo cognome, (oppure) adotta il cognome del marito.

2) Libertà religiosa di sposi

Ciascun coniuge intende conservare la sua religione e si impegna a rispettare la religione e il culto dell'altro, compreso il diritto di cambiare religione.

Il marito e la moglie si impegnano a non imporsi reciprocamente i principi da essi seguiti in materia di alimentazione.

3) Fedeltà e monogamia

Il marito e la moglie si devono reciprocamente aiuto e fedeltà. Essi dichiarano di non essere, al momento del matrimonio, uniti da altri matrimoni. Ciascuno si impegna a non unirsi in matrimonio con un'altra persona fino a quando sussiste il presente matrimonio. In caso di dichiarazione falsa o di violazione del suddetto impegno, ciascuno dei due acquisisce il diritto di chiedere il divorzio per questo motivo.

4) Prole

Il marito e la moglie dichiarano di essersi sottoposti ad esami prenuziali e di essersi reciprocamente informati sui relativi risultati.

I figli saranno di religione...............

Essi saranno allevati nel rispetto di tale religione. Essi acquisteranno la libertà religiosa, compreso il diritto di cambiare religione, a partire dai 16 anni di età, senza alcuna costrizione da parte dei genitori o delle rispettive famiglie, conformemente all'articolo 303, co. 2, del Codice civile svizzero.

I figli porteranno nomi europei, cristiani, musulmani, arabi, neutri. La scelta del nome sarà compiuta d'intesa fra i due genitori (indicare eventualmente i nomi).

I figli saranno battezzati all'età di...............

Essi potranno scegliere liberamente, se lo desiderano, di farsi circoncidere od escidere a partire dall'età di 18 anni.

I figli frequenteranno scuole pubbliche, musulmane, cristiane, ebree.

I figli saranno registrati sul passaporto della madre.

Il coniuge musulmano non si opporrà al matrimonio delle sue figlie con un non musulmano.

5) Rapporti economici

Il marito e la moglie contribuiscono in misura eguale, ciascuno proporzionatamente ai suoi mezzi, alle spese della famiglia e alla educazione dei figli. Essi decidono di comune accordo gli affari relativi alla coppia.

Il regime matrimoniale è sottoposto alla legge svizzera. Marito e moglie scelgono il regime (indicare il regime)...............

6) Norme relative all'abbigliamento, al lavoro, ai viaggi

Il marito e la moglie s'impegnano a non imporsi reciprocamente, né ad imporre ai figli, i principi musulmani relativi all'abbigliamento o alla vita sociale e all'educazione scolastica e sportiva.

La donna assume da sé le decisioni circa il suo lavoro. Non ha bisogno dell'autorizzazione del marito per viaggiare né per ottenere passaporto o documento di identificazione, per sé e per i figli.

7) Animali domestici

Il marito e la moglie accettano la presenza di animali domestici nella casa coniugale: cane, gatto, ecc.

Specificare:

8) Scioglimento del matrimonio per divorzio o decesso

Il marito e la moglie s'impegnano a risolvere amichevolmente i conflitti che abbiano ad insorgere fra di loro. Nell'ipotesi in cui uno dei due desideri sciogliere il matrimonio, si impegna a farlo davanti al giudice ed a non fare uso del ripudio.

Se il marito o i due sposi risiedono in un Paese che permette al marito di ripudiare la moglie, il marito riconosce alla moglie il diritto di ripudiarlo alle stesse condizioni.

In caso di divorzio, l'assegnazione dei figli avrà luogo sulla base di una decisione del giudice svizzero presa in conformità alla legge svizzera. Se i figli sono assegnati alla madre, il padre si impegna a rispettare tale decisione ed a non sottrarglieli, quale che sia il luogo della loro residenza. In caso di decesso di uno dei coniugi, i figli saranno assegnati al coniuge superstite.

La divisione dei beni e gli obblighi alimentari tra i coniugi sono regolati dal diritto svizzero, anche se il marito o i due sposi risiedono in un Paese musulmano.

Salvo accordo contrario, i beni acquisiti durante il matrimonio dall'uno o dall'altro coniuge sono considerati di proprietà comune di entrambi e dovranno essere divisi in parti uguali.

9) Successioni

Il marito e la moglie sottomettono la loro successione al diritto svizzero. Essi rigettano qualsiasi limitazione del diritto di successione fondato sulla religione o sul sesso. Nel caso in cui la successione venga aperta all'estero, parzialmente o totalmente ed il giudice straniero rifiuti di applicare il diritto svizzero, ciascun coniuge riconosce sin d'ora al coniuge superstite il diritto ad un terzo del valore netto della sua eredità dopo la liquidazione del regime matrimoniale.

10) Decesso e cerimonia funebre

Indicare qui l'accordo al quale sono giunti i due coniugi riguardo ai funerali: sepoltura in un cimitero laico, in un cimitero religioso, rimpatrio della salma nel Paese di origine, incenerimento, ecc.

11) Modifica del contratto

Il marito e la moglie s'impegnano ad osservare in buona fede i termini del presente contratto. Il presente contratto non può essere modificato se non con il consenso dei due sposi, liberamente manifestato di fronte ad un notaio.

Nome del marito
Sua firma   luogo e data.................
Nome della moglie
Sua firma   luogo e data.................
Nome e indirizzo del 1 testimone
Sua firma   luogo e data.................
Nome e indirizzo del 2 testimone
Sua firma   luogo e data.................
Nome e indirizzo del notaio
Sua firma   luogo e data.................

P.S.: Nel caso in cui gli sposi decidano di procedere ad una cerimonia religiosa musulmana in Svizzera dopo il matrimonio civile o di concludere un matrimonio religioso o consolare all'estero, è indispensabile indicare espressamente nel documento redatto a seguito della cerimonia o del matrimonio:
- che il presente contratto sottoscritto dai due sposi di fronte al notaio ne è parte integrante, e
- che in caso di contraddizione tra i due documenti, il presente contratto prevale sul documento redatto dall'autorità religiosa o consolare.

www.ingramcontent.com/pod-product-compliance
Lightning Source LLC
Chambersburg PA
CBHW062335220526
45469CB00008B/2724